Mattes Brüwer

Lesen

Sprechen

Texte verfassen

Sprache untersuchen

Rechtschreiben

Aufgabe zum Schreiben

Differenzierungsaufgabe

TINTO 2

blau

Basisbuch

Sprache • Lesen

von

Dr. Rüdiger Urbanek

Linda Anders

Ursula Brinkmann

Doris Frickemeier

Irmgard Mai

Gabriele Müller

illustriert von

Eva Czerwenka, Christian und Fabian Jeremies, Vera Schmidt

Cornelsen

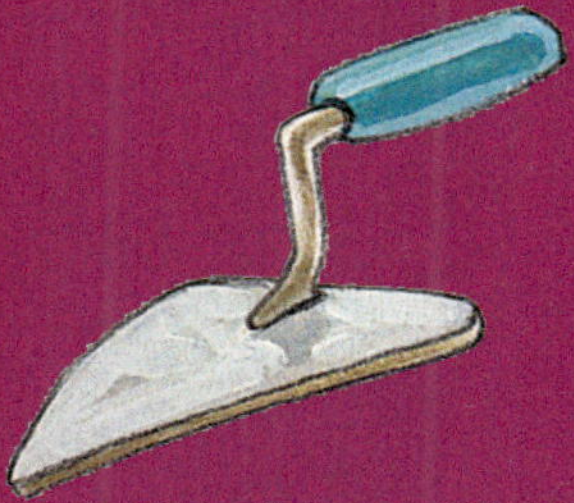

In der Schule

Wand
TINTO
SARA
MAX
Lena
Jonas
Max
MAMA
Regal
Aktion
FATMA
Tisch

In der Pause

① Finde die vier Kinder auf dem Bild auf Seite 4/5.

② Schreibe die Fragen mit den passenden Antworten auf:

- Wohin geht Tim?
- Womit spielt Jonas?
- Was hat Fatma in der Hand?
- Wer sitzt am Computer?
- Wie oft entdeckst du Tinto?

Die Neue

Die Klasse 2 b hatte gerade Rechnen. Bei Herrn Grempel. Da klopfte es. Ein Mann, ein Mädchen und ein Elefant guckten durch die Tür. „Ist das hier die Klasse 2 b?“, fragte der Mann. Herr Grempel nickte verdattert. „Ich bringe Ihnen eine neue Schülerin“, sagte der Mann. „Meine Tochter Inga.“ Inga lächelte. „Viel Spaß, mein Kind!“, sagte ihr Vater. „Ich lasse den Elefanten auf dem Schulhof. Vergiss nicht, ihn zu füttern.“ Der Elefant winkte mit dem Rüssel. Ingas Vater verbeugte sich bis zur Erde und verschwand wieder.

Cornelia Funke

① Lies die Geschichte.

② Beantworte die Fragen:
- Wie heißt die neue Schülerin?
- Warum nickt Herr Grempel verdattert?
- Was soll die neue Schülerin nicht vergessen?

Schreibe auf, wo die neue Schülerin wohnen könnte.

115 119
5

Im Gesprächskreis

① Was passiert hier?

② Wie kann man solche Situationen vermeiden?

Ich spreche, wann ich will.

Ich höre dem anderen nicht zu.

Ich schaue meinen Gesprächspartner nie an.

③ Was meint ihr zu diesen Sätzen?

Erstellt ein Plakat mit euren Gesprächsregeln.

Ich

Ich heiße Tim.
Ich bin acht Jahre alt.
Ich habe keine Geschwister.
Meine Freundin heißt Klara.
Am liebsten spiele ich mit meiner Katze.
In der Schule finde ich es am besten,
wenn wir Versuche machen.
Wenn ich groß bin, will ich einmal
Zoodirektor werden.

Tim

1. Lies den Text.
2. Schreibe auch einen Text über dich.

Schreibe einen ähnlichen Text über ein anderes Kind **oder** male ein Bild von dir in deiner Lieblingskleidung.

Tipp

- Hast du Geschwister? Wie alt sind sie?
- Womit spielst du am liebsten?
- Was machst du gern in der Schule?
- Was möchtest du werden, wenn du groß bist?

Im Schulgarten

Die Schule hat auch einen Garten.
Dort ernten die Kinder
Tomaten und Salat
und gießen täglich
die Blumen mit Wasser.
Manchmal entdecken sie Vögel.

① Lies den Text.

② Ordne die markierten Nomen in eine Tabelle:

Menschen	Tiere	Pflanzen	Dinge
Kinder	...	...	...

③ Finde weitere Nomen auf dem Bild. Trage sie auch in die Tabelle ein.

Schreibe mindestens acht weitere Nomen dazu. Markiere den großen Anfangsbuchstaben.

Merksatz

Menschen haben einen Namen. Tiere, Pflanzen und Dinge auch.
Diese Wörter nennt man Nomen (Substantive). Man schreibt sie groß:
Kinder, Vögel, Salat, Garten.

13 127 9

In der Schultasche

① Welche Dinge findest du nur einmal in der Schultasche, welche mehrmals?

② Wie viele sind es? Schreibe die Nomen so auf:

1 Schere, 2 B…, 3 …, 5 …

Schere • Buch • Pinsel Lineal • Heft • Stift • Flasche	Stifte • Scheren • Flaschen Pinsel • Bücher • Lineale • Hefte

③ Eines oder mehrere? Finde zu jedem Nomen die Mehrzahl:

eine Schere – mehrere Scheren, ein Buch – …

Welches Wort verändert sich in der Mehrzahl nicht?

Merksatz

Nomen gibt es in der Einzahl und in der Mehrzahl:

eine Schere – mehrere Scheren, ein Heft – mehrere Hefte.

14 127 10

Apfel oder Pfirsich?

 geht zur . Seine  will ihm ein 

und einen  mitgeben.  möchte aber heute

einen  mitnehmen. Die  sagt:

„Da bekommst du aber klebrige 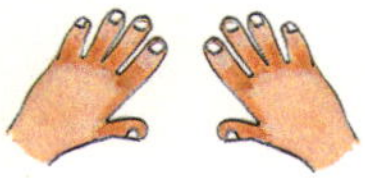."

„Gut, dann gib mir doch eine  mit."

1. Lies die Geschichte.
   Setze dabei Nomen für die Bilder ein.

2. Schreibe alle Nomen aus der Geschichte auf.
   Oder: Schreibe die ganze Geschichte auf.
   Markiere die groβen Anfangsbuchstaben
   der Nomen:
   Tim ...

3. Schreibe das Nomen auf,
   das oben im Text in der Mehrzahl steht.

Suche aus der Wörterliste acht Nomen,
die zur Schule passen.

Schulkinder

A B C D E F G

al-le Kin-der, die ich seh

H I J K L M N

und die ich mit Na-men kenn,

O P Qu R S T U

win-ken mir voll Freu-de zu,

V W X Y-psi-lon Z

denn sie fin-den mich so nett.

(1) Lernt das ABC-Lied auswendig.

B C D F G H J K L M N P Qu R S T V W X Y Z

(2) Schreibe die Buchstaben auf, die hier fehlen.
Schreibe dahinter, wie man sie nennt.

Fatma • Jonas • Tim • Lena

Otto • Tanja • Anna • Sven

(3) Ordne die Namen in jedem Kasten nach dem ABC.
Man nennt das ABC auch Alphabet.

Merksatz

Die Buchstaben A, E, I, O und U nennt man Selbstlaute (Vokale).
Alle anderen Buchstaben nennt man Mitlaute (Konsonanten).

Rechtschreibtraining

Was braucht Jonas in der Schule?
Was holt er aus seiner Tasche?
Zwei Bücher, drei Hefte, Stifte und eine Banane.

ABC, Selbstlaute und Mitlaute

Regal • Tafel • Schrank • Fenster

Buch • Heft • Stift • Pinsel

Gürtel • Hose • Mantel • Schal

① Ordne die Wörter in jeder Zeile nach dem ABC.

② Welche Wörter beginnen mit dem gleichen Selbstlaut? Schreibe sie nebeneinander auf. Achtung, zwei Wörter beginnen mit einem Mitlaut.

Mond • Hand • Bach • Ohr • Pelz • Wand • Zange

Ändere in jedem Nomen den Selbstlaut so, dass ein neues Nomen entsteht. Schreibe die Wortpaare auf:
Mond – Mund, H…

Nomen

Heute war es in der Schule richtig blöd.
Zuerst ist mein Buntstift abgebrochen und
ich konnte meiner Blume keine rote Blüte malen.
Dann ist ein Junge über meinen Fuß gestolpert
und hat blöde Gans zu mir gesagt.
Und an den Computer durfte ich auch nicht.

Übungswörter

die Banane
die Blume
das Buch
das Heft
die Schule
der Stift
die Tasche

① Schreibe alle Nomen aus der Geschichte heraus.

Nomen großschreiben

Liebe lena,
mir geht es in der schule manchmal ähnlich.
Vorgestern habe ich ein glas mit wasser umgeworfen.
Das wasser ist auf meinen block geflossen.
Da war das ganze bild futsch.
sven

② Welche Wörter sind Nomen? Schreibe sie richtig auf.
Markiere den großen Anfangsbuchstaben: *Lena, Schule, …*

Schreibe den ganzen Text richtig auf.

Einzahl und Mehrzahl

Affe • Birne • Ente • Flasche • Glocke • Hexe • Hose • Junge

③ Finde zu jedem Einzahlwort das Mehrzahlwort: *Affe – Affen, Birne – …*

Auf der Straße

KINO
Kino 1
Das verliebte Schaf
Kino 2
Karottenzauber
Talstraße
U
Meier
Adria
KIOSK

Auf dem Heimweg

Nach der Schule fragt Jakob seinen Klassenkameraden Mehmet: „Hast du Lust, heute mit mir nach Hause zu gehen? Du kannst ja bei uns essen.“ Aber Mehmet schüttelt den Kopf. „Das geht nicht. Meine Mama wartet mit dem Mittagessen auf mich. – Außerdem gibt’s bei uns heute gefüllte Weinblätter mit Reis, mein Lieblingsessen.“ „Es ist ja auch gar nicht wegen dem Essen“, sagt Jakob. „Ich will nur nicht alleine heimgehen. Oben am Stefansberg ist immer so ein großer Junge, der lässt mich nicht durch. Er hält mich an der Jacke fest oder zieht mich an den Haaren. Gestern hat er sogar seine schmutzigen Schuhe an meiner Mütze abgeputzt.“ „So eine Gemeinheit“, schimpft Mehmet.

Paul Maar

1. Lest den Text mit verteilten Rollen und einem Sprecher.
2. Beantworte die Fragen:
   - Wie heißt Jakobs Freund?
   - Was isst Jakobs Freund am liebsten?
   - Warum möchte Jakob nicht allein nach Hause gehen?

Was kann Jakob tun?

Kennst du dich auf der Straße aus?

	richtig	falsch
Wenn die Ampel Grün zeigt, kannst du über die Straße gehen.	A	K
Wenn du mit dem Rad fährst, musst du einen Helm aufsetzen.	C	S
Wenn du über die Straße gehst, machst du deine Augen zu.	W	H
Im Auto musst du dich nicht anschnallen.	L	T
Bei Rot kannst du noch schnell über die Straße laufen.	Z	U
Wenn dein Ball auf die Straße rollt, läufst du schnell hinterher.	M	N
Die Straße überquerst du auf dem Zebrastreifen.	G	R

① Lies die Sätze. Entscheide bei jedem Satz, ob er richtig ist oder falsch.

② Notiere die Buchstaben. Sie ergeben ein Lösungswort:

1. 2. 3. 4. 5. 6. 7.

44 118 36

Nicht aufgepasst!

1. Spielt die Situationen nach.
   Wie müsst ihr sprechen? Wütend, traurig, freundlich …
   Was für ein Gesicht macht ihr dabei?

Mein Schulweg

Wenn ich zur Schule gehe, bringt Mama mich bis zur Ampel. Da treffe ich meinen Freund und wir gehen zusammen weiter. Mein Schulweg ist nicht lang. Ich gehe am Wald entlang, an der Telefonzelle vorbei und dann bin ich schon da.

Heute Morgen auf dem Schulweg habe ich gesehen, wie zwei Viertklässler Robin geärgert haben. Sie haben ihn geschubst und dabei gelacht. Da bin ich hingelaufen und habe zu ihnen gesagt: „Zwei Große gegen einen Kleinen, das ist gemein!“ Und ich habe Robin getröstet.

(1) Lies die beiden Texte.

(2) Schreibe eine Geschichte von deinem Schulweg.

Tipp

- Wo gehst du entlang?
- Mit wem gehst du?
- Was hast du erlebt?

Ein Unfall

die Kreuzung • sie bremst
der Polizist • sie schimpft
die Ampel • das Taxi • ist kaputt
zeigt Grün • die Fahrerin
ist versperrt • das Rücklicht
er stoppt • er winkt • die Straße
das Nummernschild

① Schreibe jedes Nomen mit dem Artikel der, die oder das auf.
Markiere die Artikel: *die Kreuzung, …*

Schreibe mit vier Nomen Sätze auf.
Die anderen Wörter können dir beim Schreiben helfen.

die U-Bahn • der Gehweg • das Fahrrad • der Kinderwagen
das Motorrad • das Auto • die Eisdiele • die Telefonzelle • der Bus

② Ordne die Nomen in eine Tabelle:

der	die	das
Gehweg	…	…

Merksatz

Nomen können Artikel haben:
der Polizist, die Ampel, das Taxi.

23
19

Viel Verkehr

Auf der Straße ist viel los.
Viele Fahrzeuge sind unterwegs.
Alle haben es eilig.

① Schreibe die Sätze ab.
Markiere die großen Anfangsbuchstaben
und die Punkte am Satzende:

Auf der Straße …

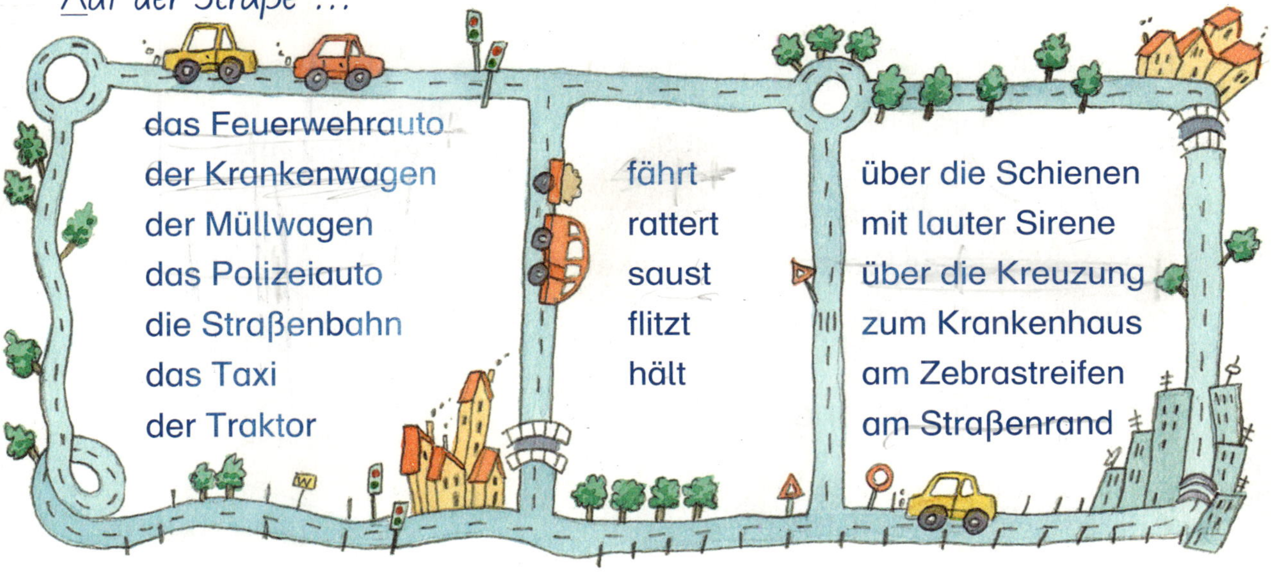

das Feuerwehrauto	fährt	über die Schienen
der Krankenwagen	rattert	mit lauter Sirene
der Müllwagen	saust	über die Kreuzung
das Polizeiauto	flitzt	zum Krankenhaus
die Straßenbahn	hält	am Zebrastreifen
das Taxi		am Straßenrand
der Traktor		

② Schreibe mindestens vier Sätze. Benutze Wörter aus jedem Rahmen:

Das Polizeiauto fährt mit lauter Sirene.

Erfinde drei Sätze mit anderen Fahrzeugen.

Merksatz

Das erste Wort in einem Satz schreiben wir groß.
Am Satzende steht ein Punkt: **Auf der Straße ist viel los.**

24 26
20

Für Autoexperten

① Bilde Wörter mit den Endungen -el, -en und -er.
Schreibe jedes Wort mit dem Artikel auf
und unterstreiche die Endung: *der Lenker, …*

Der ▭ hat viel Sand geladen.

Der ▭ hat eine große Schaufel.

Der ▭ liefert Diesel für die Tankstelle.

Der Motorradfahrer sitzt fest auf dem ▭.

Bagger • Laster • Tankwagen • Sattel

② Setze ein und schreibe die Sätze auf.
Markiere die Endungen -el, -en und -er.

An der Kreuzung

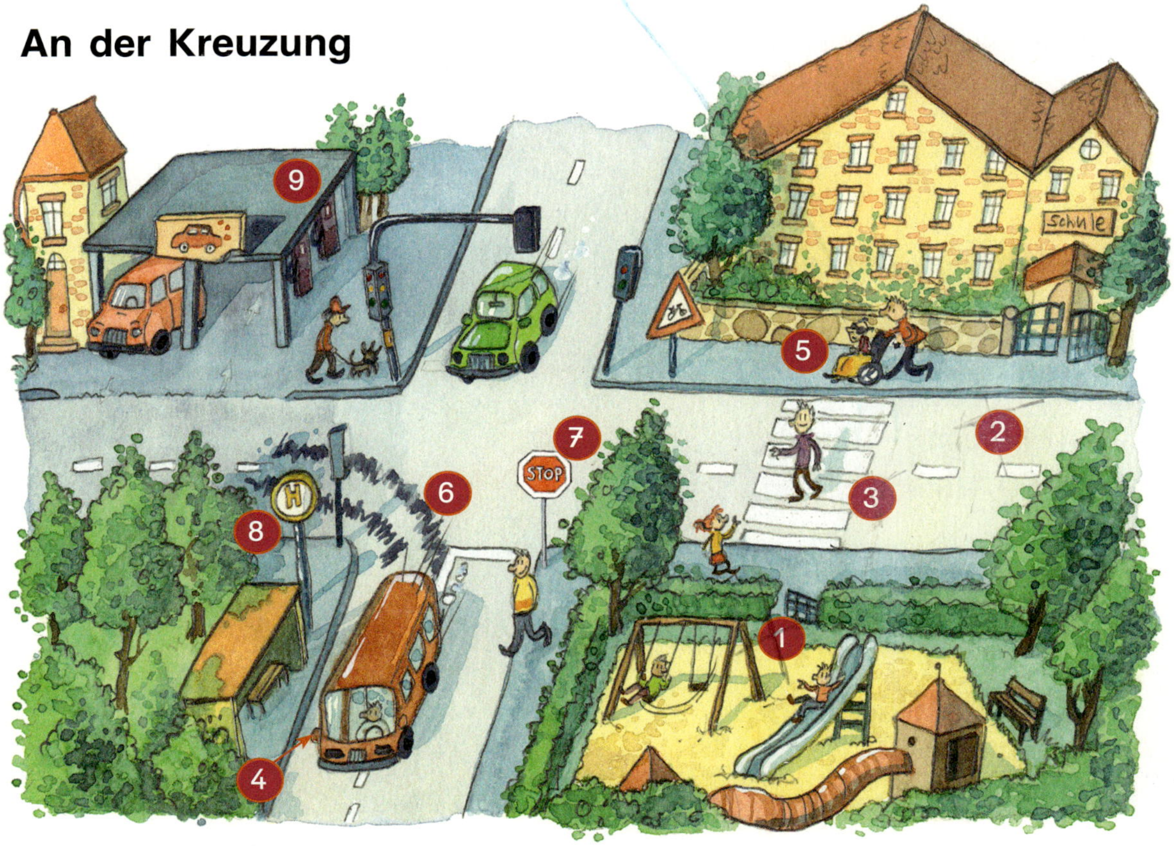

_ielplatz • _oppschild • _raße
Halte_elle • Außen_iegel • Roll_uhl • Brems_ur
Tank_elle • Zebra_reifen

① Schreibe die Zahlen untereinander und die passenden Nomen dazu.
Die Wörter im Kasten helfen dir.
Setze die fehlenden Buchstaben Sp/sp oder St/st ein: 1 = …

② Suche weitere Wörter mit Sp/sp und St/st in der Wörterliste.

Schreibe Sätze zum Bild mit den Wörtern aus Aufgabe 1.

Rechtschreibtraining

Drei Kinder an der Mauer staunen. Der Sportwagen an der grünen Ampel startet nicht. Warum? Im Tank ist kein Sprit.

Wörter mit -el, -en, -er

Bes▢ • Drach▢ • Fenst▢
Gürt▢ • Hung▢ • Käf▢
Kiss▢ • Kuch▢ • Musch▢
Robot▢ • Rüss▢ • Würf▢

① Probiere aus, was passt.
Schreibe die Wörter auf und unterstreiche -en, -el und -er:
Besen, Drachen, ...

Bestimmte Artikel

② Schreibe die Nomen aus den Wagen mit den Artikeln auf:
der Tisch, der ...

Suche in der Wörterliste zu jedem Artikel noch drei weitere Nomen.

Großschreibung am Satzanfang

hinter dem Haus steht eine alte Hütte
die gehört jetzt Jonas
da macht er es sich oft gemütlich
manchmal kommen Tim und Lena zu Besuch

① Schreibe die Sätze ab. Schreibe die Satzanfänge groß.
Setze einen Punkt an jedes Satzende:

Hinter dem Haus …

Wörter mit Sp/sp und St/st

Sp
aß
agetti
rank
iel
ort
inat

St
adion
inat
reit
urm
ern
aub

② Bilde Wörter und schreibe sie auf.
Achtung! Jedes Mal ist ein Quatschwort dabei.
Markiere in jedem Wort Sp oder St:

Spaß, Spagetti, …

▮ill • ▮umpf • ▮ortlich • ▮ät • ▮umm • ▮itz • ▮ark

Bilde Wörter mit sp oder st.
Schreibe mit jedem Wort einen Satz.

Übungswörter
die Ampel
die Kinder
die Mauer
die Spagetti
der Sport
der Wagen
starten
staunen

Im Herbst

Herbstgedichte

Herbst

Die schwarzen Krähen krächzen,
die kahlen Äste ächzen
im Wind.

Ich sehe einen Drachen,
ich hör' ein Kinderlachen
im Wind.

Allee im Herbst

Die Bäume senden Luftpostbriefe.
Langsam schweben sie zu Boden.
Wer sie sieht, versteht die Botschaft:
Winter kommt bald.

Georg Bydlinski

① Lies die Gedichte.

② Wähle ein Gedicht aus und übe, es vorzutragen.

Lerne eines der beiden Gedichte auswendig.
Oder: Schreibe eines der beiden Gedichte ab. Gestalte ein Schmuckblatt.

Im Herbst

Lenas Hund Leo trägt ein blaues Halsband.

Tim sieht einen Igel im Blätterhaufen.

Drei Eichhörnchen sitzen in den Bäumen.

Zwei Kinder lassen ihren Drachen steigen.

Hinter dem Pferd rennt ein Hund her.

Am kleinen Baum hängen reife Birnen.

Jonas und Fatma spielen mit Wurfkastanien.

Im Vogelnest liegen kleine Eier.

Hinter dem Apfelbaum hockt eine Taube.

1. Lies die Sätze.
2. Schau dir das Bild auf Seite 28/29 an. Welche Sätze stimmen? Schreibe die richtigen Sätze auf.

Berichtige die falschen Sätze und schreibe sie auf:

1. Lenas Hund Leo trägt ein rotes Halsband.

Tims Jacke

(1) Sprecht über die verschiedenen Meinungen.

(2) Wie sind eure Meinungen? Diskutiert.

(3) Gibt es eine Lösung, mit der beide zufrieden sind?

Eine Drachengeschichte

① Schau dir die Bilder an. Schreibe auf, was passiert.

Wie geht die Geschichte weiter?
Schreibe sie mit deinem Schluss auf.

Tipp

- Mann, Leiter, klettern
- nach Hause gehen, Geschäft, kaufen
- traurig, andere Kinder, schenken
- Windstoß, herunterfallen, Loch

Kleine Igel

Die Igelmutter bringt im Sommer drei bis sieben Junge zur Welt die kleinen Igel sind noch blind und taub nach vier Wochen gehen die Igeljungen auf Futtersuche sie werden aber noch von ihrer Mutter gesäugt im November müssen sie mindestens 500 Gramm* wiegen nur dann können sie den Winter überleben

*Zwei Päckchen Butter wiegen 500 Gramm.

① Lies den Text und mache dort Pausen, wo etwas Neues beginnt.

② Schreibe nur den schwarzen **oder** den ganzen Text ab. Setze dabei Punkte. Schreibe die Satzanfänge groß. Insgesamt sind es drei schwarze und drei grüne Sätze.

Merksatz

Aussagesätze erzählen, was geschieht.
Am Ende eines Aussagesatzes steht ein Punkt:
Die kleinen Igel sind noch blind und taub.

33
29

Ein Igel im Park

Warum ziehst du so an der Leine, Leo

Ich glaube, er hat etwas gefunden

Ja, da liegt ein Igel zwischen den Blättern

Sollen wir ihn mit nach Hause nehmen

Was willst du denn mit ihm machen

Ich werde ihn füttern

Nein, lass uns lieber in der Igelstation nachfragen

(1) Lies die Sätze. Schreibe nur die Fragen auf.
Denke dabei an das Fragezeichen.

Denke dir noch eine Frage und einen Aussagesatz zum Bild aus.

Merksatz

Am Ende eines Aussagesatzes steht ein Punkt.
Am Ende einer Frage steht ein Fragezeichen:
Leo hat etwas gefunden.
Sollen wir den Igel mit nach Hause nehmen?

Im Park

Im Park bläst der Wind die lätter von den äumen.

Die Kastanien lumpsen auf den oden.

Das Eichhörnchen robiert eine Nuss.

① Lies die Sätze. Schreibe sie auf.
Ergänze die Buchstaben B/b oder P/p.

Dunkle Wolken trüben den Himmel.

a fällt der erste ropfen.

ie Kinder ragen ihre rachen schnell nach Hause.

② Lies die Sätze. Schreibe sie auf.
Ergänze die Buchstaben D/d oder T/t.

Das graue Kaninchen nabbert an einem leeblatt.

Im rünen ras rabbeln leine äfer.

Leo läfft laut und räbt im roßen Blätterhaufen.

③ Lies die Sätze. Schreibe sie auf.
Ergänze die Buchstaben G/g oder K/k.

Regenwetter

Es regnet. Fatma und Tim rennen nach Hause.
Der Wind pfeift ihnen ins Gesicht.
Da stapft Tim in eine Pfütze.
Er schimpft. Sein Strumpf ist nass.
Fatmas Zopf tropft und klebt ihr am Kopf.
„Hatschi!“, Fatma muss niesen.
„Jetzt hab ich auch noch
einen Schnupfen“, ruft sie.

① Lies den Text.

② Suche alle Wörter mit Pf und pf. Schreibe sie auf.
Markiere alle Pf und pf: *pfeift, ...*

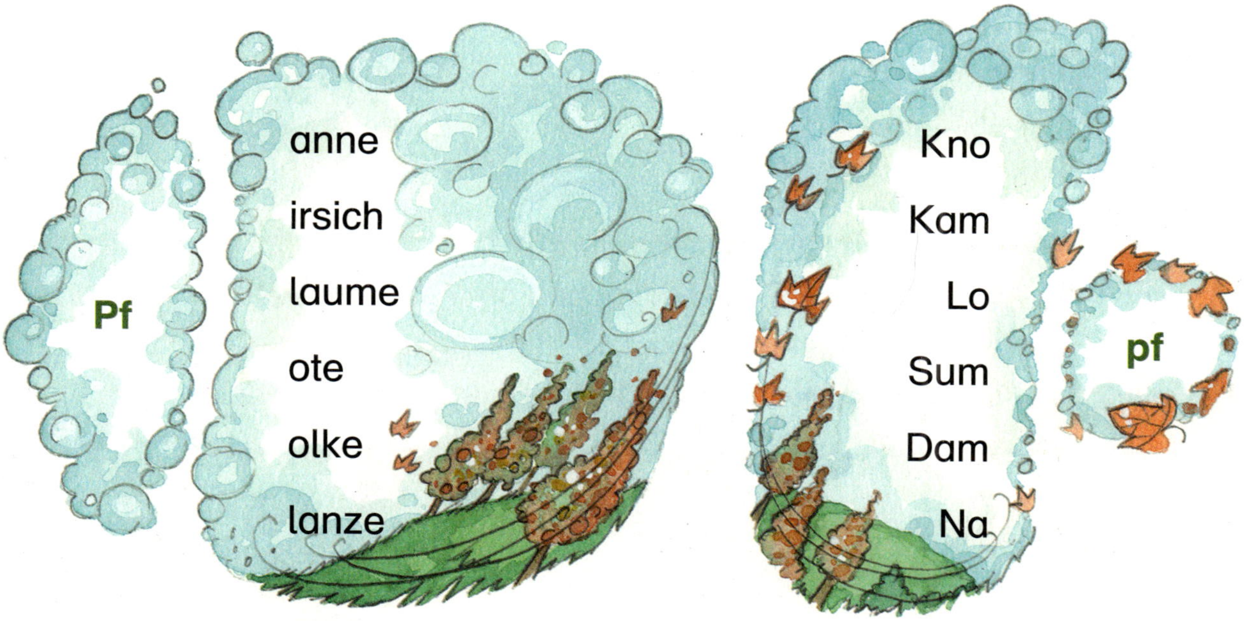

③ Schreibe alle Wörter mit Pf und pf auf. Unterstreiche Pf und pf.
Achtung! Auf jeder Seite ist ein Quatschwort.

Rechtschreibtraining

Heftiger Sturm pfeift und braust durch den Garten. Paul schimpft.
Der blöde Sturm hat seinen grünen Drachen auf das Dach geblasen.

Aussagesätze

Tim soll eine Geschichte über Katzen schreiben der erste Satz fällt ihm nicht ein da kommt Tinto angeschlichen er trägt Tims Kuscheltier im Maul jetzt hat Tim eine Idee

Übungswörter

das Dach
der Drachen
der Garten
der Sturm
brausen
pfeifen
schimpfen
blöd
grün

1. Lies den Text.
   Mache dort Pausen, wo etwas Neues beginnt.

2. Schreibe den Text ab. Setze dabei Punkte.
   Schreibe die Satzanfänge groß.
   Insgesamt sind es fünf Sätze.

Fragen und Aussagesätze

Kannst du mir helfen ▢ • Tinto schnuppert am Futternapf ▢
Die Kinder bauen die Rennbahn auf ▢ • Jonas hat einen guten Freund ▢
Wollen wir draußen spielen ▢ • Darf ich in die Badewanne gehen ▢

3. Lies die Sätze mit der richtigen Betonung.
   Schreibe die Aussagesätze und Fragen auf.
   Setze am Satzende einen Punkt oder ein Fragezeichen.

Denke dir noch zwei Fragen und zwei Aussagesätze aus.

30 33 29

Ähnlich klingende Buchstaben

G / K	B / P	D / T
arten	rot	reppe
nopf	latz	rommel
rach	lakat	usche
latze	rezel	räne
eschenk	rille	reieck
ruß	luse	urst
lingel	alme	ach

① Bilde Wörter. Sprich zuerst deutlich und entscheide danach, wie es richtig klingt. Schreibe die Wörter auf.

Wörter mit Pf und pf

Frisur
Gefäß zum Kochen
Obst
Reittier
Kleidungsstück
Körperteil
großer Vogel

② Schreibe die Rätsellösungen auf.
Markiere alle Pf und pf:

Frisur: Zopf, …

Zu Hause

Wo bleibt Jule?

Das Essen ist fertig. Alle sitzen schon am Tisch.
Alle warten auf Jule.
Alle – das sind: Mama und Papa und Simon.
Simon ist Jules Bruder.
Er klopft mit der Gabel auf den Tisch.
Sein Magen knurrt!
Papa ruft: „Mensch Jule, wo bleibst du?“
Er hat auch Hunger.
Mama nimmt einen Löffel und einen Topf.
Sie trommelt …
Das hilft. Jule kommt!
Alle machen große Augen. Jule hat Mamas Hut auf.
Jules Nase ist gepudert. Jules Mund ist rot angemalt.
„Ich habe mich schön gemacht“, sagt Jule.
„Jetzt können wir essen!“

Anne Steinwart

1. Wer gehört zur Familie? Schreibe die Namen untereinander.

A 

B 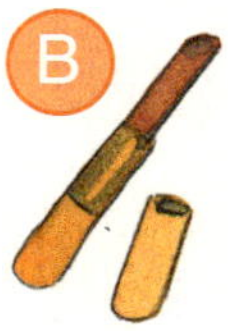

C 

D 

2. Wer macht was?
Schreibe hinter jeden Namen den passenden Buchstaben: *Jule: …,*

3. Warum sind alle so ungeduldig?

116

Unser Haus ist zwar klein

Text und Musik: Heike Margolis

Und der Da - ckel Gus - tav - son
und die Zie - ge Neck - meck - neck
und die En - te Schna - dri - on
und der Ra - be Krä - kä - ke - ke - ke - ke - keck.

1. Singt und sprecht das Lied.
2. Denkt euch weitere Strophen aus.

Oma Erika
Opa Adrian
Kater Jonathan
Kröte Lioba

Familien-Witze

„Du bist ein Ferkel“, sagt Vater,
„und du weißt ja, was das ist.“
„Klar“, sagt Ina, „das ist das Kind
von einem Schwein.“

„Mami, darf ich lesen,
bis ich einschlafe?“
„Ja, gut, aber keine
Minute länger.“

Vater badet seine beiden Knirpse*.
Alles geht gut. Nur zum Schluss kräht
der eine: „Mama macht das ganz anders!“
„Wieso?“, erkundigt sich der Vater.
„Die zieht uns vorher immer erst Schuhe
und Strümpfe aus!“

* Knirpse sagt man manchmal zu kleinen Jungen.

1. Lies die Witze.
2. Welcher Witz gefällt dir am besten? Lerne den Witz auswendig.
   Erzähle ihn einem anderen Kind oder deinen Eltern.

Schreibe weitere Witze auf.
Lies in Witzbüchern nach oder schau ins Internet.
Legt in eurer Klasse eine Witzekartei an.

Liebe Susi!

Susi und Paul sind beste Freunde. Aber Paul ist jetzt mit seinen Eltern weit weg in ein kleines Dorf gezogen. Nun schreiben sich die beiden Briefe.

Anrede

Liebe Susi,
in der Schule habe ich noch keinen Freund. Nur einen Feind. Franzi heißt er. Dauernd stänkert er. Meine neue Lehrerin ist lustig. Sie schimpft nie. Unser Nachbar ist mein Freund. Er ist kein Kind, sondern ein alter Mann. Er hat drei Kühe, zwei Schweine und viele Hühner und drei Katzen.
Jetzt tun mir die Finger weh. So viel habe ich noch nie geschrieben.

Grüße

Viele Grüße
dein Freund Paul

Unterschrift

Christine Nöstlinger

① Lies den Brief von Paul.

② Schreibe auch einen Brief z. B. an Oma oder Opa, Tante oder Onkel, Freundin oder Freund …

Tipp

- Was hast du in der Schule erlebt?
- Was ist am Wochenende passiert?
- Was hast du nachmittags unternommen?

Zu Hause

1

2

3

4

5

6

7

spielen • wickeln • bauen • schreiben • tragen • flöten • trinken

(1) Suche zu jedem Bild das passende Verb:

1: tragen, …

(2) Wähle mindestens vier Verben und bilde Sätze.
Unterstreiche die Verben:

Fatma trägt den Müll zur Mülltonne.

klatschen • abtrocknen • kochen • telefonieren • schlafen

(3) Spiele die Verben. Ein Partnerkind rät.

Merksatz

Wörter, die sagen, was man tut oder was geschieht,
nennt man Verben: **tragen, zeigen, regnen**.

44 128 39

Viel zu tun

A Ich habe so einen Hunger ▮

B Heute gibt es Bratkartoffeln mit Spinat ▮

C Ich decke schon mal den Tisch ▮

D Wasch dir erst die Hände ▮

E Zum Nachtisch gibt es Bananenquark ▮

F Super ▮

G Ich bringe die Bratkartoffeln zum Tisch ▮

H Vorsicht, die Pfanne ist heiß ▮

I Das sieht lecker aus ▮

1 Lies die Sätze mit der richtigen Betonung.

2 Schreibe die Sätze auf. Setze Punkte oder Ausrufezeichen.

Schreibe auf, was Tim sagt und was seine Mutter sagt:

Tim: A, …   Mutter: …

Merksatz

Nach einem Ausruf kann ein Ausrufezeichen stehen:

Vorsicht, die Pfanne ist heiß!

Nachdenkwörter

Bei manchen Wörtern kannst du nicht hören, wie sie am Ende geschrieben werden.

Um es herauszufinden, musst du ein verwandtes Wort suchen.

So kannst du es üben und notieren: Du zeichnest einen Doppelpfeil zwischen den beiden Wörtern und schreibst den schwierigen Buchstaben darüber.

Chaos im Kinderzimmer

(1) Suche immer ein verwandtes Wort:

Mond ←d→ *Monde, Saft* ←t→ *saftig, ...*

Lena sucht ihren Stif▢.
Sie findet das Flugzeu▢ im Pake▢.
Sie findet das Bil▢ unter dem Klei▢.
Den Stif▢ findet sie im Hef▢ unter der Bur▢.

Schreibe die Sätze vollständig auf. Denke dabei an verwandte Wörter.

42 43 41 135

Rechtschreibtraining

Pia hat Geburtstag. Pias Freund bringt einen Zauberstab als Geschenk mit. Damit möchte Pia sich einen Hund und ein Flugzeug zaubern.

Verben

Übungswörter

das Flugzeug
der Freund
der Geburtstag
das Geschenk
der Hund
der Stab
bringen
lachen
zaubern

trompeten • bauen • quaken
spielen • stampfen • hüpfen
schwimmen • basteln • spritzen

① Wer macht was? Schreibe Sätze:
Der Elefant trompetet. …

Fatma schält Kartoffeln.
Tim kocht sie mit Wasser und Salz.
Jonas zerstampft die Kartoffeln.
Lena rührt Milch und Butter in die Kartoffeln.

② Schreibe die Sätze auf. Unterstreiche die vier Verben.
Schreibe als Überschrift, was die Kinder essen.

44 128 39

Ausrufesätze

① Schreibe die Sätze auf. Setze am Satzende einen Punkt oder ein Ausrufezeichen.

d oder t, g oder k, b oder p am Wortende

run□ · wil□ · kal□ · bun□ · muti□ · schmutzi□ · gel□ · star□

② Suche verwandte Wörter. Ergänze die fehlenden Buchstaben:

rund ←d→ *runde, …*

Der Ball ist □.
Das Bild ist □.
Der Tiger ist □.
Die Hose ist □.

Das Eis ist □.
Der Mann ist □.
Der Bär ist □.
Die Zitrone ist □.

Schreibe die Sätze vollständig auf. Benutze die Wörter aus Aufgabe 2.

43 131 135 40

Gestern – heute – morgen

6. Mai
10. April
21. März
Flotte Sprotte
SOLAR
MONTAG
15:08

Januar

Februar

März

April

Mai

Juni

Monatsrätsel

A

Endlich hat es einmal geschneit,
weiß ist die Erde weit und breit.
Die Kinder finden's wunderbar
im kalten Monat J____.

B

Die Sonne scheint und dann fällt Regen
und plötzlich schneit's, Sturmwinde fegen:
Das Wetter macht halt, was es will.
Du kennst den Monat, den ____.

C

Das warme Wetter ist zu loben.
Oft kannst du jetzt im Freien toben.
Da hätte man am liebsten frei
im wunderschönen Monat ____.

D

Die Sonne heiß vom Himmel lacht,
sie hat das Wasser warm gemacht.
Darin zu schwimmen, hast du Lust.
Und dieser Monat heißt ____.

E

Kalt ist es, nass und stürmisch und
nach draußen jagt man keinen Hund.
Vielleicht denkst du an den September.
Oh nein, gemeint ist der N ________.

F

Dann im ________ feiern wir
das Weihnachtsfest, gefällt es dir?
Und mit Silvester, das ist klar,
geht es zu Ende, unser Jahr.

1. Lies die Rätsel.
   Welcher Monat ist jeweils gemeint?

2. Schreibe die Buchstaben von A bis F untereinander. Schreibe den passenden Monatsnamen dahinter:

   A: *Januar*
   B: *…*

Suche dir zwei Monate aus. Schreibe zu jedem Monat einen Satz. Es muss kein Reim sein.

Juli

August

September

Oktober

November

Dezember

Ich möchte keine Geschwister

① Wie findet ihr das Gespräch?

② Spielt das Gespräch.
Denkt daran, dass die Kinder sich streiten.

③ Spielt das Gespräch so, dass kein Streit entsteht.

Schreibe auf, warum du Geschwister gut findest oder nicht.

Die Einladung

Lieber Thomas,
am 31. Januar feiere ich meinen Geburtstag.
Dazu lade ich dich herzlich ein.
Komm um 16.00 Uhr in die Heidestraße 12.
Um 19.00 Uhr bringen dich meine Eltern
nach Hause. Bring deine Turnschuhe mit.
Sag mir bitte, ob du kommst,

deine Tina

① Lies die Einladung.

② Schreibe eine Einladung für deinen Geburtstag oder zu einem anderen Fest.

Tipp

- Zu welchem Fest möchtest du einladen?
- Wo wird gefeiert?
- Wann beginnt das Fest, wann endet es?
- Soll dein Gast etwas mitbringen?
- Gibt es noch etwas Wichtiges?

Jahreszeiten

	Frühling	Sommer	Herbst	Winter
der ein				
die eine				
das ein				

① Schreibe die Nomen für jede Jahreszeit mit beiden Artikeln auf:

der Osterhase – ein Osterhase, die Blume – eine …, das …

Suche jeweils vier weitere Nomen zu den Artikeln der, die und das. Schreibe sie auch mit ein oder eine auf.

Merksatz

Nomen können bestimmte oder unbestimmte Artikel haben:

der Hase – ein Hase, die Blume – eine Blume, das Ei – ein Ei.

53
49

Zeit vergeht

Das alte Jahr, das ist ▢gangen,
ein neues Jahr hat angefangen.

Schau nur, wie die Zeit ▢geht!
So schnell, dass man es kaum ▢steht.

Und nun hab ich mir ▢genommen,
zur Schule nie zu spät zu kommen.

(1) Lest die Reime. Wo passt ver-, wo passt vor- ?

(2) Schreibe die Reime mit den passenden Vorsilben.

schreiben • rechnen • kaufen • lieben • turnen
laufen • zeigen • spielen • sprechen

(3) Bilde mit den Vorsilben ver- oder vor- mindestens zehn neue Verben.

Schreibe mit den Verben aus Aufgabe 3 Sätze.

54 129 50

Tag und Nacht

(1) Lies die Wörter und überlege:
Klingt das a lang wie bei Tag oder kurz wie bei Nacht?

(2) Zeichne eine Tabelle und ordne die Wörter ein. Markiere jedes lange a mit einem Strich. Markiere jedes kurze a mit einem Punkt:

lang _	kurz •
Tag...	

Schal • Tisch • Blatt • Hut • Strumpf • Hemd • Kinn
Mund • Bett • Uhr • Glas • Hals • Brot • Fisch

(3) Sprich deutlich: kurz oder lang? Ergänze die Tabelle.

Merksatz

Wenn du wissen willst, ob ein Selbstlaut lang oder kurz ist, sprich das Wort unterschiedlich aus: Schaf oder Schaf, Nacht oder Nacht?

Rund ums Baby

 Schnu er  Ki en  brü en

 Te y  Wa e  kra eln

 Pu e  Mu er  sti en

 Ba 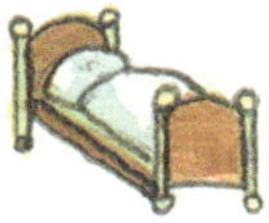 Be  kü en

① Schreibe die Wörter auf. Ergänze die doppelten Mitlaute.

② Markiere den kurzen Selbstlaut vor dem doppelten Mitlaut mit einem Punkt: *Schnuller, …*

Alle können schnell krabbeln.

Versuche, auch einen Satz zu bilden, in dem viele Wörter mit doppeltem Mitlaut vorkommen. Er kann auch lustig sein.

Merksatz

Nach einem kurzen Selbstlaut stehen zwei Mitlaute:
Puppe, Ball, winken, Kind.

52 53 54 137

Rechtschreibtraining

Die Sonne ist untergegangen.
Der Mond scheint hell am Himmel.
Anna will schlafen, aber sie kann nicht.
Das Baby weint laut. Mutter muss es stillen.

Bestimmte und unbestimmte Artikel

der • die • das
ein • eine • ein

Uhr • Turm • Rad • Zeiger
Stern • Auto • Mond • Sonne
Baby • Mutter • Tante • Kind

① Schreibe jedes Nomen mit dem bestimmten und mit dem unbestimmten Artikel auf:
die Uhr – eine Uhr , …

Übungswörter

der Himmel
die Mutter
die Sonne
können
müssen
stillen
wollen
hell

Vorsilben

Fatma will ihrer Schwester etwas ___ lesen.
Aber sie ___ liest sich andauernd.
Ihre Schwester wird ungeduldig. Sie ___ langt:
„Fatma, nur wenn du mir ___ sprichst,
dich nicht mehr zu ___ lesen,
dann darfst du mir weiter ___ lesen.“

② Lies den Text. Welche Vorsilbe passt, ver oder vor?

③ Schreibe den Text ab und setze die passenden Vorsilben ein.

50 53 49 54

Lange und kurze Selbstlaute

Brot • Drachen • Frage • Gast • Hase • Kappe • Lampe
Löwe • Möwe • Mann • Tisch • Tor • Tür • Zunge • Kind

① Sprich die Wörter. Achte auf den ersten Selbstlaut.
Wo ist er kurz, wo lang? Ordne so:

lang _	kurz •
Brot	...

Taste • Kante • Tante • Falte • Kisten • Küste

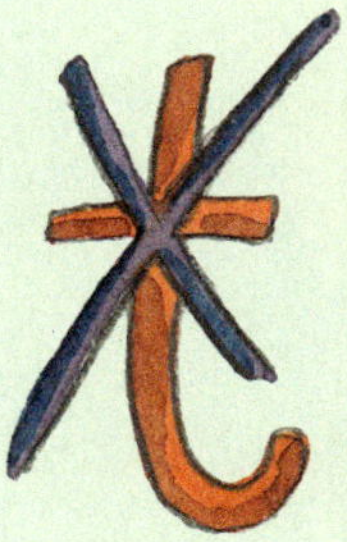

Ersetze das t im Wort durch den Buchstaben davor.
Dann erhältst du ein neues Wort.
Mache unter den kurzen Selbstlaut einen Punkt:

Taste – Tasse, ...

Wörter mit doppelten Mitlauten

rennen	prallen	essen	wollen	trimmen
k ___	f ___	fr ___	s ___	schw ___
scharren	stellen	rattern	wetten	schnurren
kn ___	b ___	kn ___	r ___	kn ___

② Schreibe die passenden Reimwörter.
Markiere die kurzen Selbstlaute:

rennen – kennen, prallen – ...

52 54 51 136

Hokuspokus

Hexenmenü
roter Krötensaft
Zauberglibber
Knabberschaben
Hexenküsse
Feuerwürmer

Lubrimor reist ans Ende der Welt

Der kleine Zauberer Lubrimor will seine Freundin Xoxia besuchen. Er will sie fragen, ob sie ihn heiraten will. Sie wohnt aber fast am Ende der Welt. Als Erstes kommt Lubrimor an eine Pfütze. Was nun? Hinüberspringen geht nicht. Die Pfütze ist zu groß. Schwimmen kann er nicht. Er nimmt seinen Zauberstab und spricht: (1)

Als Nächstes kommt Lubrimor an einen großen Kieselstein, der im Wege liegt. Was nun? Der Stein ist zu glatt zum Klettern. Lubrimor nimmt wieder seinen Zauberstab und spricht: (2)

Jetzt muss Lubrimor durch einen finsteren Riesenwald. Was nun? Lubrimor nimmt wieder seinen Zauberstab und spricht: (3)

Schon kommt eins und leuchtet ihm. Nun ist Lubrimor fast am Ende der Welt angekommen. Aber davor steht eine dicke Mauer aus Glasperlen. Was nun? Lubrimor nimmt wieder seinen Zauberstab und spricht: (4)

Da kommt ein Windhauch und pustet die Mauer auseinander. Und wer steht hinter der Mauer und gibt Lubrimor einen dicken Kuss auf die Nase? Natürlich, Xoxia. Geheiratet haben sie eine Stunde später.

(1) Lies den Text.

(2) Überlege, welcher Zauberspruch an welche Stelle passt:
1B, 2 ...

Denke dir selber einen Zauberspruch aus.

Lubrimors Zaubersprüche

(A) „Hokuspokus, fidelkreiter,
her mit einer langen Leiter!“

(B) „Hokuspokus, spaforücke,
hier entsteht jetzt eine
Brücke!“

(C) „Hokuspokus, mitoqualle,
dicke, fette Mauer, falle!“

(D) „Hokuspokus, semapicht,
Glühwürmchen, knipse an
dein Licht!“

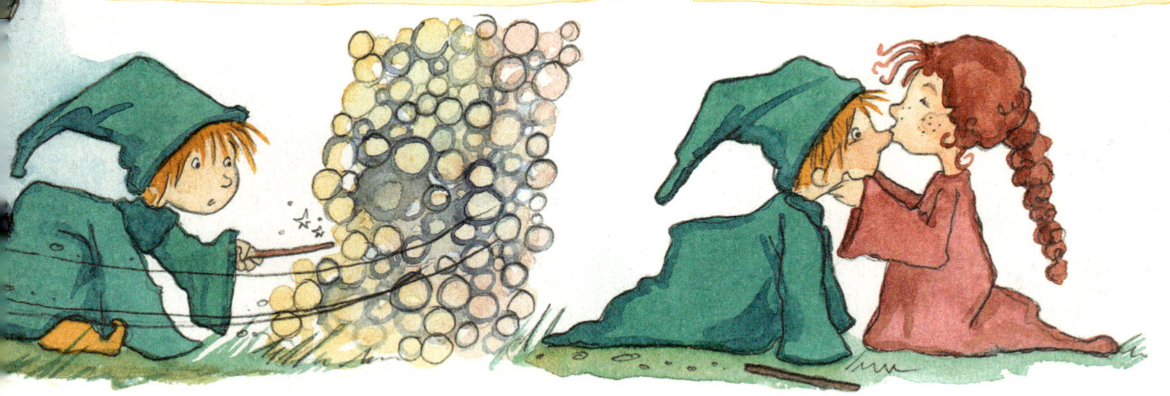

Hexenfee

Die Fee Rosmarine wohnte zusammen mit ihrer Mama auf einer großen Wolke in einem Luftschloss mit goldenen Türmen. Feen mussten immer lieb sein. Und anständig.

Rosmarine fand Feen schrecklich langweilig. Und am schlimmsten fand sie, dass sie selber eine war.

„Ich möchte eine Hexe sein“, sagte Rosmarine eines Tages. Mama erschrak fürchterlich. „Eine Hexe?“, rief sie. „Du bist ja nicht ganz gescheit, Rosmarine. Schäm dich!“ „Eine Hexe wohnt nicht auf einer Wolke in einem Luftschloss mit goldenen Türmen. Die wohnt im Hexenwald.“

„Dann gehe ich eben in den Hexenwald“, sagte Rosmarine seufzend und flog hinunter. Der Hexenwald war ein guter Ort für Rosmarine. Die Hexen waren überhaupt keine gemeinen Scheusale. Sie waren sogar sehr lieb zu Rosmarine.

Brigitte Minne

1. Lies den Text.
2. Male ein Bild zu dem Text.

Was könnten die Hexen mit Rosmarine zusammen machen? Beschreibe.

In der alten Felsenhöhle

In der alten Felsenhöhle
mixt die Hexe mit Gegröle
ihre schlimmen Hexen-Öle:
Rabenschnäbel,
Räubersäbel,
Hungersteine,
Spinnenbeine,
Zirbeldrüse,
Krötenfüße,
Kräutersud
und Drachenblut.
Noch ein wenig Rattenspeck,
eine Prise Hühnerdreck
und ein bisschen Fensterkitt.
Ich wünsche guten Appetit!

Paul Maar

1. Lies das Gedicht.
2. Übe mit einem Partnerkind, das Gedicht vorzulesen. Überlegt, wer welche Zeilen spricht.
3. Schreibe selbst ein Hexenrezept. Es muss sich nicht reimen.

Hexen- und Zaubererrätsel

Der Zauberer hat einen roten Pullover an.
Er trägt eine blaue Hose und rote Schuhe.
Er hat eine helle Kappe auf.
Auf der Nase hat er eine Warze.
Er trägt Ellenbogenschoner und hat
einen blauen Rucksack auf dem Rücken.
Aus dem Rucksack schaut Tinto heraus.

Wer ist es?

1. Lies den Text. Findest du den Zauberer?
2. Suche dir eine Hexe oder einen Zauberer aus und schreibe selbst ein Rätsel. Lass ein anderes Kind raten.

Tipp

- Wie ist der Zauberer oder die Hexe gekleidet?
- Haben sie ein Tier oder einen Besen dabei?
- Tun sie etwas Besonderes?

Geheimnisvolle Zauberformel

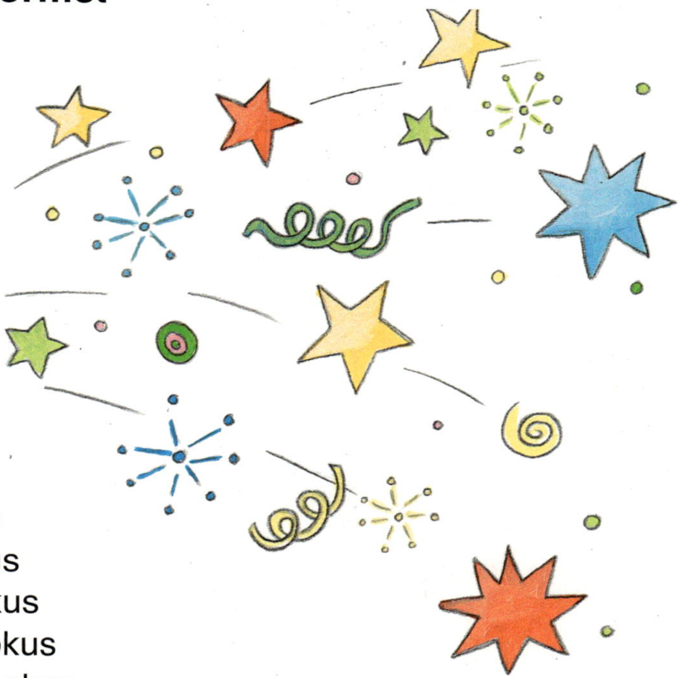

Hokuspokus
okuspokus
kuspokus
uspokus
spokus
pokus
okus
kus
us
s
us
kus
okus
pokus
spokus
uspokus
kuspokus
okuspokus
Hokuspokus

Christa Zeuch

1. Lies die geheimnisvolle Zauberformel.
2. Schreibe selbst eine geheimnisvolle Zauberformel. Benutze dazu die Wörter Pikato oder Simsalabim.
3. Lies deine Zauberformel einem anderen Kind geheimnisvoll vor.

Benutze zum Schreiben Papier mit Rechenkästchen.

Denke dir ein eigenes Zauberwort aus und schreibe eine geheimnisvolle Zauberformel.

Wer hat dieses Kostüm an?

1. Wer trägt diese Kostüme? Suche auf Seite 64/65.

2. Schreibe mindestens ein Rätsel mit der Lösung auf.
Markiere alle Adjektive.

lang • weiß • lila • kurz • rund • grün • gelb • groß • klein

3. Stelle einem Partnerkind ein Rätsel zu einem Kostüm.
Die Adjektive im Kasten können dir helfen.

Beschreibe die Speisen und Getränke auf dem Tisch.
Benutze dabei Adjektive.

Merksatz

Wörter, die sagen, wie etwas ist, nennt man Adjektive:
blau, klein, lang.

Der Zauberer Zantopero

So liebt es der Zauberer Zantopero.
Er zaubert aus einem leeren Glas ein volles.
Aus einer kurzen Schlange zaubert er eine lange.
Manchmal weiß er allerdings nicht so genau,
was der Gegensatz ist. Kannst du ihm helfen?

schön • dick • süß dumm • lang • spannend groß • trocken	sauer • dünn kurz • langweilig • nass hässlich • schlau • klein

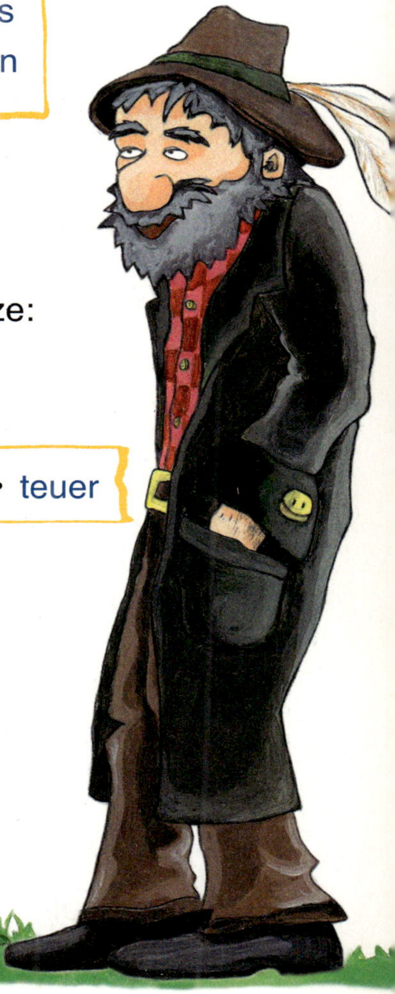

(1) Finde die Gegensatzpaare und schreibe sie auf:
schön – hässlich, …

(2) Schreibe mit den Adjektiven aus Aufgabe 1 solche Sätze:
Eine Hexe ist nicht schön, sondern hässlich.

krank • hell • voll • sauber • fleißig • langsam • kalt • teuer

Finde zu diesen Adjektiven den Gegensatz.

Hexentaxi

Es hext die Hexe Mixi-Maxi
sich fix ein ganz verrücktes Taxi.
Das Taxi ist ganz toll gemixt
aus tausend Sachen – oh verflixt!

1. Lies die Sätze.
2. Schreibe die Sätze ab.
   Markiere alle x.

3. Welche Wörter stehen in den Hexenkoffern?
   Schreibe sie auf und markiere alle x:

Boxer, ...

64
61

Die Warze muss weg!

Hexe Herta sitzt vor dem Spiegel. Es ist früh morgens. Die Torte für ihre Geburtstagsfeier ist schon fertig. Aber wie zaubert man eine Warze weg? Groß und schwarz sitzt sie mitten auf Hertas Nase. Seit gestern Abend. Da hat Herta schon einen Wurm aus dem Garten geholt und auf die Warze gelegt. Half nicht. Mit der Wunderkerze hat sie Zeichen über der Warze gemacht, ein Herz und einen Stern. Half auch nicht. Nun kann sie nicht länger warten. Gleich kommen die Gäste. Herta springt auf, donnert den Spiegel in die Ecke, stolpert und fliegt kopfüber in die Torte. Sie rennt ins Badezimmer, wäscht die Torte ab, und … ihre Nase ist zart und schön wie immer. Keine Warze mehr. Und die Torte?
Wozu ist man schließlich eine Hexe?

1. Lies den Text leise und deutlich.
   Die farbigen Wörter enthalten ein r, das schwer zu hören ist.
2. Schreibe die farbigen Wörter auf. Markiere das r: *Herta, …*

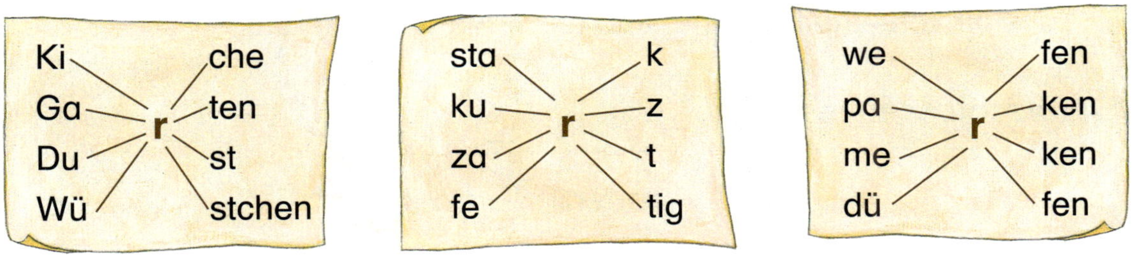

3. Bilde sinnvolle Wörter. Markiere das r: *Kirche, …*

Suche im Wörterbuch noch fünf andere Wörter mit einem r, das man schwer hören kann.

63
62

Rechtschreibtraining

Es merkt die Hexe Fixifax
sich schnell ein starkes Zauberwort:
Sie ruft nur einmal Rixirax,
fix ist sie am gewünschten Ort.
Dort hext sie eine Riesentorte
und dazu braucht sie keine Worte.

Wörter mit x

Bo	er
Le	ikon
Mi	er
e	tra
Te	t
A	t
Ni	e

① Bilde Wörter. Markiere in jedem Wort das x.

Lass dir von einem Partnerkind die x-Wörter diktieren.

Eingeschlossenes r

Start	Bart	warten	Scherz
h	z	G	H

② Schreibe die Wörter auf.
Markiere das r: *Start – hart, …*

Gegensatzpaare finden

Ein Ball ist nicht eckig, sondern ___.
Ein Lamm ist nicht groß, sondern ___.
Eine Zitrone ist nicht süß, sondern ___.
Ein Flugzeug fliegt nicht niedrig, sondern ___.
Eine Trompete ist nicht leise, sondern ___.

Übungswörter

- die Hexe
- der Ort
- die Torte
- das Wort
- merken
- zaubern
- fix
- stark
- dort

① Schreibe die Sätze mit den passenden Adjektiven:
Ein Ball ist …

Adjektive

② Beschreibe Tintos Kostüm.
Markiere die Adjektive.

59 60 63 130

ÄRZTEHAUS
• Simone Gurr
Praxis für
Ergotherapie
• Dr. Hans Wusel
Praxis für
Kinderheilkunde
• Dr. Anne Schnalz
Zahnärztin
ÄRZTEHAUS
22
ZIEHEN
EINGANG
TAXI

Schmelz
Wurzel
Kreislauf
Magen/Darm
WASCHI
für die reife Haut
PICKEL-EX!
MONSTERPACK € 15.-
VITAMINETTEN
DRÖHNOL
gegen
Kopfweh

Allein zum Supermarkt

Jeden Morgen gegen sieben Uhr erwacht Margit. Sie beginnt, sich alleine anzuziehen. Sie fasst sich an den Beinen und zieht sie über die Bettkante. Schwer fällt es ihr, in die Schuhe zu schlüpfen. Mit ihren Fingern erreicht sie kaum ihre Zehenspitzen.

A Margit gefällt das bunte Treiben auf der Straße. Jetzt in den Ferien spielen überall Kinder. Margit bleibt stehen, um ihnen beim Seilspringen, Ballspielen und Fangen zuzusehen. Sie ist ein wenig traurig. Gerne würde sie mitspielen.

B Endlich hat Margit den Supermarkt erreicht. Doch an der Eingangstür merkt sie, dass sie allein nicht über die Stufen kommt. Niemand hilft ihr. Alle haben es eilig. Keiner achtet auf sie.

C Das Frühstück steht bereits auf dem Tisch. „Fährst du für mich einkaufen?“, fragt Margits Mutter. „Gerne“, freut sich Margit. Es ist das erste Mal, dass sie alleine in den Supermarkt fahren darf.

Franz-Joseph Huainigg

1. Die letzten drei Abschnitte sind vertauscht. Bringe sie in die richtige Reihenfolge. Schreibe die Buchstaben in dieser Reihenfolge auf.

2. Warum ist es für Margit nicht einfach, alleine einzukaufen?

Überschrift

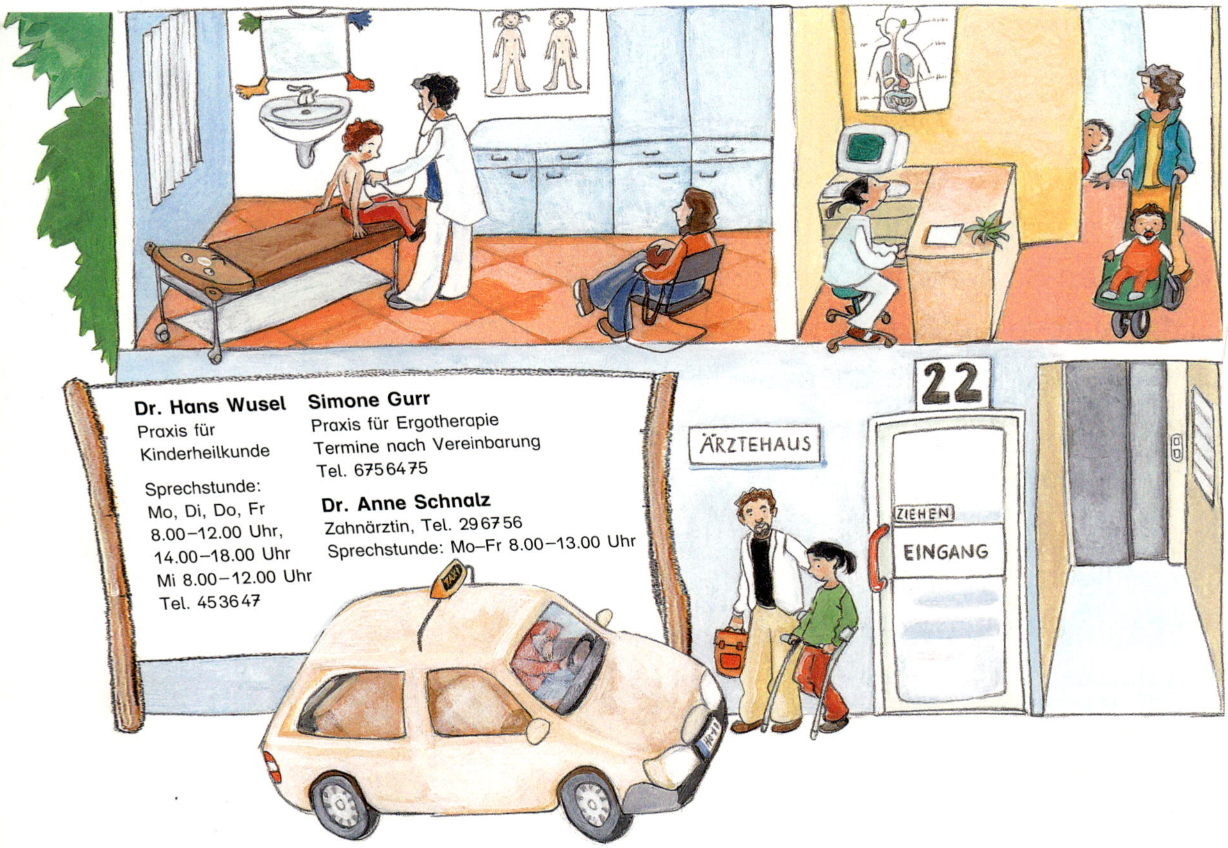

① Lies die Anzeigentafel.

② Beantworte die Fragen:

- Vor welchem Haus steht diese Tafel?
- Wie lautet die Telefonnummer der Praxis für Ergotherapie?
- Wie heißt der Kinderarzt mit Vornamen?
- An welchem Tag hat Dr. Wusel nur vormittags Sprechstunde?
- Was für eine Ärztin ist Dr. Anne Schnalz?

An welchen Wochentagen hat Dr. Anne Schnalz ihre Praxis nicht geöffnet?

Die Augen

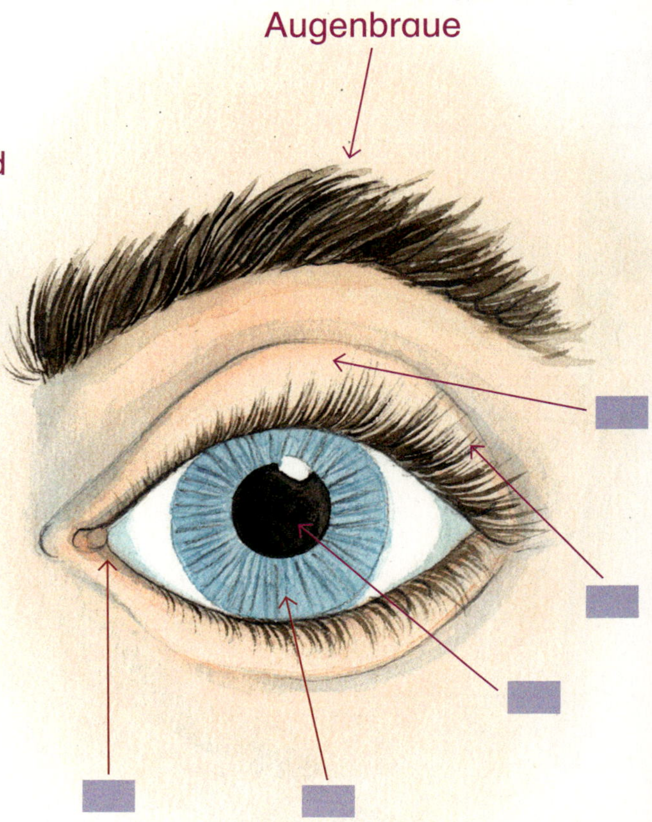

Mit den Augen können wir Dinge in unserer Umgebung sehen. Das Auge wird durch das Augenlid geschützt. Es verschließt das Auge. Die Wimpern am Augenlid halten den Schmutz fern. Auf der Stirn befinden sich die Augenbrauen. Die feinen Härchen sorgen dafür, dass kein Schweiß in das Auge gelangen kann.

Der schwarze Punkt im Auge heißt Pupille. Durch die Pupille fällt das Licht ins Auge. Der farbige Kreis um die Pupille ist die Iris. Aus der Tränendrüse tritt ständig etwas Tränenflüssigkeit heraus. Durch sie wird das Auge feucht gehalten und gereinigt. Wir zwinkern, damit das Auge nicht trocken wird. Im Schlaf halten wir das Auge geschlossen.

(1) Male das Auge wie auf dem Bild.
Schreibe die markierten Wörter an die passende Stelle.

(2) Welche Farbe kann die Iris haben?

Versuche mit unseren Augen

Was bewirkt die Zwiebel?

Was passiert, wenn du die Entfernung zu den Zahlen veränderst?

Was passiert mit der Pupille?

Wie ist das für dich?

1. Führe einen Versuch mit einem Partnerkind durch.
2. Schreibt einen wichtigen Satz zu eurem Versuch auf.
3. Berichtet der Klasse, was ihr beobachtet und erfahren habt.

Richtig Zähne putzen

1. Schaue dir die Bilder an.

2. Schreibe auf, wie du deine Zähne putzt.

Zähle deine Zähne. Benutze dafür einen Spiegel.
Fühle mit deinen Fingern.

Tipp

- Zahnbürste, Zahnpasta, Sanduhr, Backenzähne, Oberkiefer
- Unterkiefer, Speisereste, Zahnfleisch
- drücken, putzen, gurgeln, ausspülen, ausspucken
- gründlich, sauber
- innen, außen, vorne, hinten

126
28

Von Wackelzähnen und Bauchschmerzen

Erst haben die Zähne vorne gewackelt. Dann sind sie herausgefallen.

Die Lücke war groß.
Ich konnte meine Finger durchstecken.
Ich sah aus wie ein Vampir.

Für die Zähne habe ich eine Dose aus Holz. Ich gucke mir die Zähne manchmal an.
Es sind sechs.

Einmal hatte ich Bauchweh. Mir war ganz schlecht und Mama hat gesagt, dass mein Gesicht ganz blass aussieht. Ich musste auch oft zur Toilette rennen. Ich habe mich hingelegt und Mama hat zur Sicherheit einen Eimer vor mein Bett gestellt. Irgendwann bin ich eingeschlafen und am nächsten Tag sollte ich nur Zwieback essen.

(1) Lies die beiden Texte.

(2) Was hast du erlebt, als du krank warst oder dir wehgetan hast? Schreibe es auf.

Tipp

- Pflaster, Blut, Bein gebrochen, Beule, vom Baum gefallen, Ohrenschmerzen, Spritze, Krankenhaus, Zahnarzt

Beim Zahnarzt

Der Zahnarzt ___ Lena freundlich.
Sie ___ ihren Mund.
Der Zahnarzt ___ einen kleinen Spiegel hinein.
Er ___ jeden Zahn genau.
Der Zahnarzt ___ jetzt einen Mundschutz.
„Toll, du ___ deine Zähne gründlich“,
___ der Zahnarzt zu ihr.

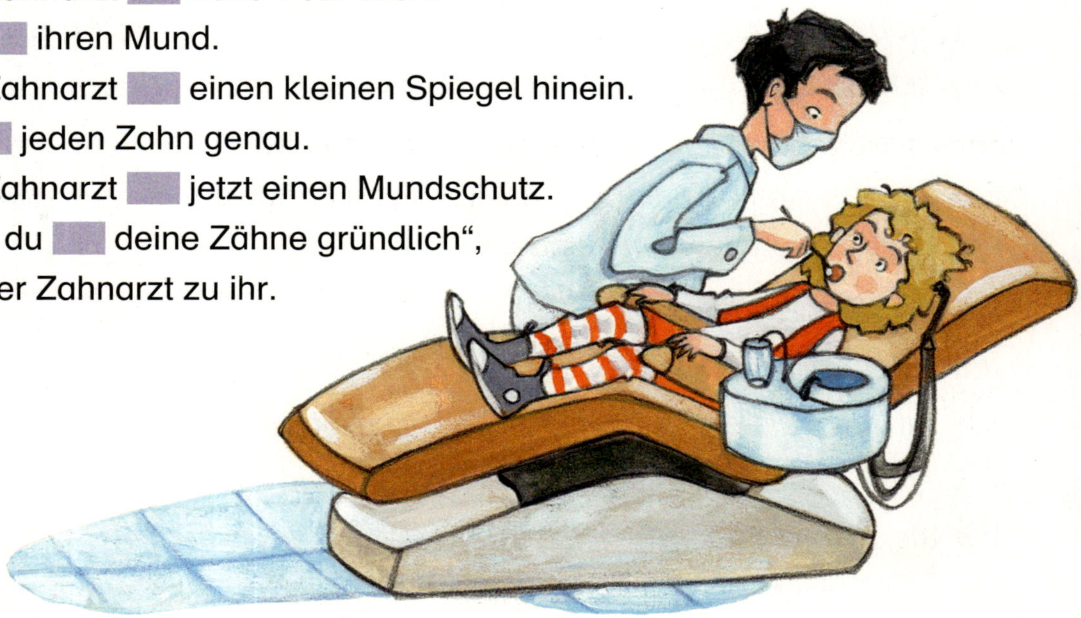

hält • trägt • begrüßt • öffnet • sagt • putzt • untersucht

① Lies den Text. Setze die passenden Verben ein.

② Schreibe den Text vollständig auf.
Unterstreiche die Verben.

③ Schreibe die Verben so auf:
begrüßt – begrüßen, …

prüfen • bohren • füllen • sitzen • wischen • spülen • warten

Schreibe auch diese Verben wie in Aufgabe 3 auf:
prüft – prüfen, …

73 74 69 128

Viele Körperteile

Jonas fragt seinen Nachbarn: „Weißt du wie geschrieben wird?“ Daniel antwortet: „Schau am besten in der Wörterliste nach!“
Jonas schlägt sein Buch auf. In der Liste sind alle Wörter nach dem Alphabet sortiert. Zuerst sucht Jonas die Wörter mit Z. Dann liest er genau. Er achtet auf den zweiten Buchstaben der Wörter. Jonas hält seinen Finger unter das Wort. „ wird mit geschrieben“, flüstert er Daniel zu.

Xx Yy Zz

die **Zahl,** die Zahlen
zaubern, sie zaubert
der **Zeh,** die Zehen
zehn
das **Zeugnis,** die Zeugnisse
der **Zoowärter,** die Zoowärter
der **Zopf,** die Zöpfe
der **Zug,** die Züge

① Was flüstert Jonas seinem Nachbarn zu?
Schreibe den Satz auf.

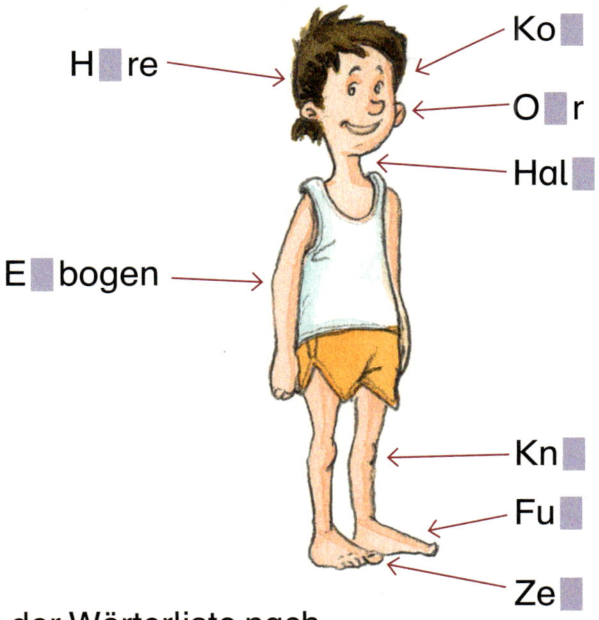

② Schau in der Wörterliste nach.
Schreibe die Wörter vollständig auf.

③ Welche Körperteile kennst du noch? Schreibe sie auf.

Achtung: Augen auf!

4

2

der Arzt

der Zopf

der Fuß

die Füße

die Bäuche

1
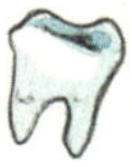

5
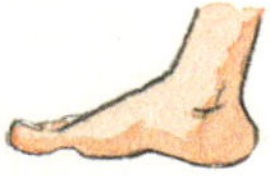

die Zöpfe

der Bauch

3

die Zähne

die Ärzte

der Zahn

① Was gehört zusammen? Markiere die veränderten Selbstlaute:

der Zahn – die Zähne, …

Hände • Fingernägel • Läuse • schläft • läuft • trägt • wäscht

② Suche verwandte Wörter mit a oder au:

Hände ←ä→ Hand, …

ängstlich • kräftig • kämmen • träumen • lächeln

Suche verwandte Wörter mit a oder au.

Merksatz

Zu fast jedem Wort mit ä oder äu gibt es ein verwandtes Wort mit a oder au: **Hände ←a→ Hand, läuft ←au→ laufen.**

Ein Bienenstich!

Das ist Fatma noch nie passiert! Sie liegt auf der Liege im Raum neben dem Lehrerzimmer. Sie schiebt den Ärmel ihres Pullis hoch. Der Stich ist riesig und dick geschwollen. Nie wieder möchte sie von einer Biene gestochen werden! Wie weh das tut! Gut, dass ihre Freundin Marie neben ihr kniet. „Hier hast du ein Kühlkissen", sagt sie. „Vielen Dank", antwortet Fatma, „du bist wirklich lieb."

① Lies den Text. Wie klingen die i-Laute der markierten Wörter?

② Sortiere die markierten Wörter. Klingt das i lang oder kurz?

ie	i
nie	ist

Fl_ge • sch_ßen • W_mper • tr_nken • K_nd
verl_ren • F_ber • F_nger • l_nks • s_ngen

③ Sprich die Wörter.
Schreibe sie mit i oder ie in die Tabelle aus Aufgabe 2.

Merksatz

Ein lang gesprochenes i wird fast immer ie geschrieben:
Biene, nie, wieder.

Rechtschreibtraining

Seit sieben Uhr liegt Leon auf der Liege. Sein Knie schmerzt.
Die Ärztin tastet das Bein ab.
Sie sagt lächelnd: „Das wird bald wieder besser.
Kalte Umschläge sind hier besonders gut.“

Selbstlaute verändern sich

Niklas ist ein kleines Baby. Er schläft noch viel. Ein kleines Häschen aus Stoff liegt neben seinem Kopf. Er trinkt aus einem Fläschchen und nuckelt an seinem Däumchen. Täglich fährt seine Mutter ihn in seinem Kinderwagen spazieren. Am liebsten mag Niklas, wenn seine Mutter unter Bäumen läuft. Die grünen Blätter wackeln so schön.

① Suche zu den markierten Wörtern ein verwandtes Wort mit a oder au:

schläft ←a→ schlafen, ...

Wörter mit ie und i

Jonas hat eine t■fe Wunde am Kn■. So ein M■st! Beim Fußballspiel auf der W■se ■st er gestürzt. Zum Glück hat seine Mannschaft so v■le Tore geschossen. V■r Tore, was für ein S■g!

② Schreibe den Text ab. Ergänze die fehlenden Buchstaben.
Achtung, zwei Wörter werden nur mit i geschrieben!

Verben verändern sich

Tim schreibt einen Kuchen.
Lena schießt eine Radiosendung.
Die Lehrerin fährt an die Tafel.
Jonas backt den Ball.
Fatma hört mit dem Fahrrad.

① Schreibe die Sätze mit den richtigen Verben auf.
Unterstreiche die Verben.

② Schreibe die Verben so auf:
er backt – backen, …

Übungswörter

die Ärztin
das Knie
die Umschläge
lächeln
liegen
schmerzen
besser
hier
sieben
wieder

Wörter nachschlagen

③ Schreibe diese Wörter mit Hilfe der Wörterliste.
Welches Wort folgt in der Liste? Schreibe es dazu.

Suche in der Wörterliste noch weitere Tiere.

70 128 69 134

Im Frühling

Singt ein Vogel

Text und Melodie: Heinz Lau

1. Singt ein Vogel, singt ein Vogel, singt im Märzenwald,
kommt der helle, der helle Frühling, kommt der Frühling bald.

1. – 3. Komm doch, lieber Frühling,
lieber Frühling, komm doch bald herbei,
jag den Winter, jag den Winter fort
und mach das Leben frei.

2. Blüht ein Blümlein, blüht ein Blümlein, blüht im Märzenwald,
kommt der helle, der helle Frühling, kommt der Frühling bald.

3. Scheint die Sonne, scheint die Sonne, scheint im Märzenwald,
kommt der helle, der helle Frühling, kommt der Frühling bald.

(1) Lies das Lied.

(2) Denke dir eine neue Strophe aus und schreibe sie auf.

Tipp

- Biene, Hummel, Raupe, Tulpe, Wolke, Kind
- summt, brummt, kriecht, wächst, zieht, spielt

77

Ein Bild vom Frühling

Male am unteren Rand eine grüne Wiese. In der Mitte der Wiese blühen drei gelbe Osterglocken und rechts zwei rote Tulpen. Am linken Bildrand steht ein Baum. Auf einem Ast sitzt eine Amsel. Der Baum hat grüne Blätter und rosa Blüten. Rechts neben dem Baum liegt ein gelber Ball mit roten Punkten. Die Sonne scheint. Am Himmel sind zwei Wolken.

1. Lies den Text.
2. Hole dir ein weißes Blatt. Lege es quer vor dich auf den Tisch. Nun brauchst du noch deine Buntstifte.
3. Lies den Text nun Zeile für Zeile und male dazu.

Denke dir ein Maldiktat für ein Partnerkind aus.

Frühlingsblumen

A

Die Tulpe wächst aus einer Zwiebel. Sie hat spitze, längliche Blätter. Ihre Blüte sieht wie ein kleiner Becher aus. Es gibt sie in fast allen Farben.

B

Die Schlüsselblume hat viele kleine Blüten an einem Stängel. Jede Blüte besteht aus fünf gelben Blütenblättern mit einem orangefarbenen Fleck in der Mitte.

C

Die meisten Veilchen sind dunkelviolett. Die Blüten bestehen aus fünf Blütenblättern.
Die Blätter haben eine Herzform. März-Veilchen duften sehr stark.

D

(1) Schreibe die Namen der Blumen untereinander.
Schreibe die Buchstaben der passenden Fotos dahinter.

Wie heißt die vierte Blume? Schreibe auch über sie einen Text.

Vögel in unserem Garten

Amsel

Blaumeise

Rotkehlchen

1. Lies die Beschreibung der Kohlmeise.
2. Suche dir aus den Fotos einen Vogel aus und überlege, wie du ihn beschreiben kannst.
3. Beschreibe den gewählten Vogel einem Partnerkind. Es soll herausfinden, welchen Vogel du gewählt hast.

Geschichte aus dem Zettelkasten

Du brauchst einen Zettelkasten.

Suche dir von den Wörtern in dem Zettelkasten drei aus. Diese Wörter **müssen** in deiner Geschichte vorkommen.

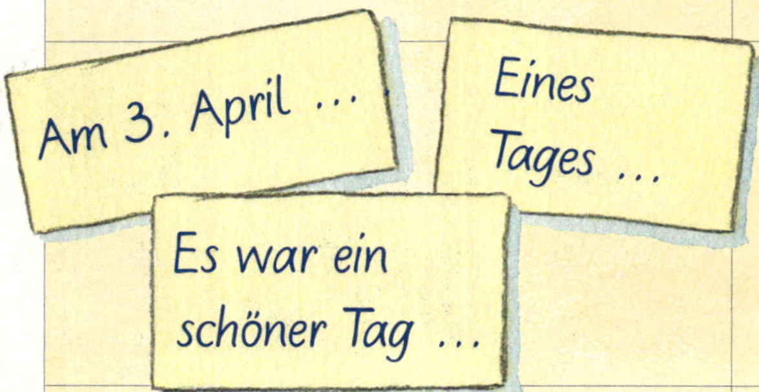

Du kannst ein Erlebnis erzählen oder eine Geschichte erfinden oder auch einen Witz erzählen.

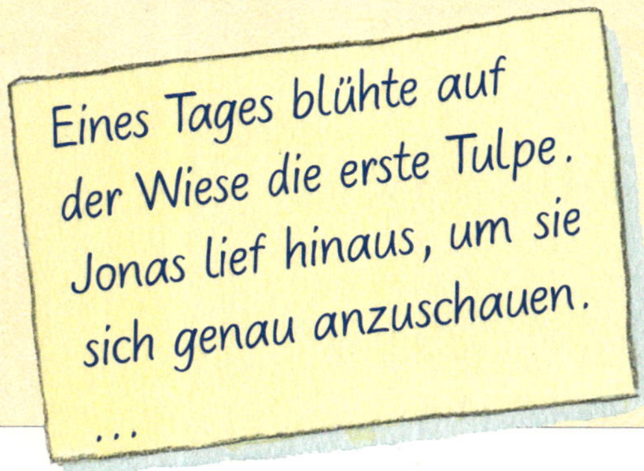

Über die Reihenfolge der Wörter aus dem Zettelkasten entscheidest du. Nicht in jedem Satz muss ein Wort aus dem Zettelkasten vorkommen.

Schnee im April

1. Schreibe alle 14 Wörter auf 14 Zettel. Lege sie in eine Schachtel.

2. Lass ein anderes Kind mit geschlossenen Augen drei oder vier Zettel für dich ziehen.

3. Denk dir eine Geschichte aus, in der alle gezogenen Wörter vorkommen.

4. Erfinde auch eine passende Überschrift.

Es war ein kalter Tag im April. Gestern war es noch richtig warm. Auf der Wiese blühten schon viele Krokusse und Veilchen. Plötzlich ...

Tipp

- Wer spielt in deiner Geschichte mit?
- Wo spielt die Geschichte?
- Was sprechen die Personen?

Es wird wärmer – es wird Frühling

Im Frühling werden die Tage wieder länger und die Nächte kürzer. Jeden Morgen singen die Vögel etwas früher. Jetzt wird es auch wieder wärmer. Im Garten wachsen schon die Tulpen. Ihre Stängel werden immer dicker und die Blätter immer größer. Die Amsel hat schon ein Nest gebaut. Selbst die Wiese sieht jetzt aus, als ob sie immer grüner würde.

① Die Grundstufe von länger ist lang.
Finde zu den markierten Adjektiven die passende Grundstufe:
länger – lang, kürzer – …

lang • klein • schnell • laut • dünn • schwer
spät • leicht • sauber • tief

② Die Vergleichsstufe von lang ist länger.
Finde zu diesen Adjektiven die Vergleichsstufen:
lang – länger, klein – …

Tiere im Frühling

Die Amsel	fängt	einen Wurm	für ihre Jungen	.
Für ihre Jungen	fängt	die Amsel	einen Wurm	.
Fängt	die Amsel	einen Wurm	für ihre Jungen	?

① Schreibe die Sätze ab.
Markiere die einzelnen Satzteile in unterschiedlichen Farben.
Diese Satzteile heißen Satzglieder.

Der Frosch	legt	seine Eier	im Wasser	.

② Schreibe den Satz ab und markiere die Satzglieder farbig.
Schreibe dabei jeden Satzteil auf einen eigenen Zettel.
Bilde nun neue Sätze und schreibe sie auf.

Erfinde selbst einen Satz und stelle ihn um.

Merksatz

Ein Satz besteht aus mehreren Satzgliedern.
Du kannst die Satzglieder umstellen und verschiedene Sätze bilden:
Die Amsel fängt einen Wurm.
Fängt die Amsel einen Wurm?

84 132 80

Fatmas Feuerbohne

In der Schule haben die Kinder Feuerbohnen gepflanzt. Das war vor drei Wochen. Fatma freut sich, ihre Bohne ist kräftig gewachsen. Heute sind wieder zwei neue Blätter zu sehen. Da kommt ihre Freundin Hannah. Sie ist ganz neugierig: „Ist deine Bohne auch schon so groß wie meine? Die ist jetzt fünfzig Zentimeter groß.“ Die Mädchen messen Fatmas Bohne: Neunundfünfzig Zentimeter!

① Schreibe alle Wörter mit eu auf.
Markiere in jedem Wort das eu: *Feuerbohne, …*

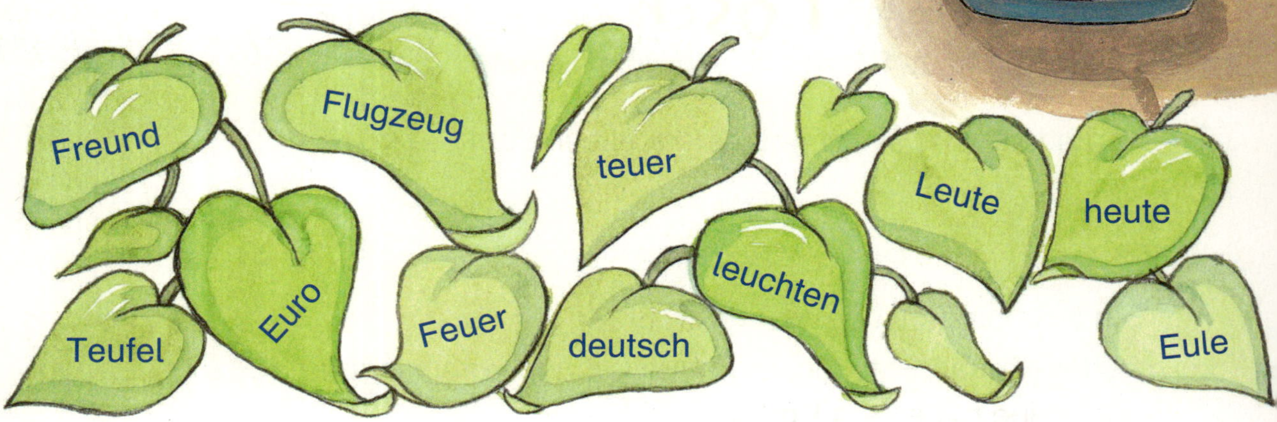

② Schreibe die Wörter. Markiere alle eu.

Veilchen im Garten

Viola entdeckt vierzehn Veilchen im Garten.
Viktor übt am Vormittag vielleicht am Klavier.
Vater strickt sich einen violetten Pullover.
Valentin soll eine Vampirgeschichte vorlesen.
Vera ist im November immer brav.
Vadim rast viel zu schnell um die Kurve.
Sylvia sieht ein Vogelnest mit vier Eiern.

1. Lies die Sätze.
   Hörst du in den Wörtern mit V oder v einen F-Laut oder einen W-Laut?

2. Lege eine Tabelle an und schreibe die Wörter hinein:

V wie Vogel	*V wie Vase*
vierzehn	*Viola*
...	...

Schreibe mit einem Partnerkind alle Wörter mit V oder v auf, die ihr finden könnt. Ihr könnt auch ein Wörterbuch benutzen.

84
82

Rechtschreibtraining

Alle Leute freuen sich. Die Vögel singen wieder.
Viele Veilchen und Tulpen kommen hervor.
Vater hat im Garten für die Kinder eine neue Schaukel gebaut.
Die freuen sich schon auf das Osterfeuer.

Mit Adjektiven vergleichen

groß • nett • alt • weich • dick • jung • neu
freundlich • heiß • traurig

① Finde zu jeder Grundstufe die passende Vergleichsstufe.

groß - größer, nett - ...

Bilde Sätze mit den Adjektiven und ihren Vergleichsstufen:

Hannahs Bohne ist groß, aber Fatmas Bohne ist ...

Wörter mit V und v

viel • vier • der Vater • der Vogel • vorn • die Kurve
der Karneval • der Pullover • vor • der Vampir

② Lies die Wörter und merke sie dir.

③ Lass dir die Wörter von einem Partnerkind diktieren.

79 82 83 84

Sätze umstellen

Lena | an ihre Tante | schreibt | einen Brief

die Zeitung | meine Mutter | am Abend | liest

① Bilde sinnvolle Sätze. Stelle jeden Satz zweimal um.

Wörter mit eu

Im Geschäft sind viele ___.
___ besucht uns meine Oma.
Meine ___ Hose ist dunkelblau.
Papas ___ hat ein silbernes Motorrad.
Geh nicht so nah ans ___!

heute • neue • Feuer • Leute • Freund

② Schreibe die Rätselsätze mit den passenden Lösungswörtern. Markiere alle eu.

Übungswörter

das Feuer
die Leute
der Vater
das Veilchen
der Vogel
freuen
singen
neu
viele

80 81 83 132

Am Wasser

UAFIT
ADLER
ADLER
KASSE
SOUVEN
POMMES
LAGUNE

Käpten Knitterbart und seine Bande

Käpten Knitterbart war der Schrecken aller Meere. Eines Tages überfiel er wieder mal ein Schiff. Aber das Schiff hätte er besser vorbeifahren lassen. Denn an Bord war ein kleines Mädchen namens Molly. „Die nehmen wir mit!“, knurrte Knitterbart. „Für das Schätzchen bezahlen die Eltern jede Menge Lösegeld. Wenn nicht, kommt sie zu den Haifischen. Los, sag mir den Namen und die Adresse von deinen Eltern!“ „Sag ich nicht!“, knurrte Molly zurück. „Wenn du den Namen von meiner Mutter hörst, machst du dir vor Angst sowieso in die Hose!“ Die Piraten grölten vor Lachen.

Da ließ Knitterbart Molly schuften. Sie musste Säbel polieren, Segel flicken und das Deck schrubben. Molly tat bald jeder Knochen weh. Jeden Abend feierten die Piraten. Molly aber schrieb heimlich einen Zettel und steckte ihn in eine leere Flasche. Wenn die Piraten in ihren Kojen schnarchten, warf Molly die Flaschenpost ins Meer. Jede Nacht tat sie das …

Cornelia Funke

(1) Lies die Geschichte.

(2) Schreibe auf, was Molly in ihrer Flaschenpost schreibt.

Wie könnte die Geschichte ausgehen? Wird Molly gerettet?

Tipp

- An wen schreibt Molly den Brief?
- Wie geht es ihr bei den Piraten?
- Warum schickt sie die Flaschenpost los?

Der blaue Planet

Unsere Erde wird auch der blaue Planet genannt. Warum? Weil ein großer Teil von Wasser bedeckt ist. Das sind die Meere, die Flüsse, die Seen und Bäche. Das meiste Wasser ist in den Meeren. Es ist Salzwasser. Menschen, Tiere und Pflanzen brauchen zum Leben aber Süßwasser. Süßwasser gibt es nur in Flüssen, Bächen und Seen. Wäsche wird mit Wasser gewaschen. An vielen Stellen der Erde gibt es nicht genug Wasser, in den Wüsten, aber auch dort, wo viele Menschen leben. Menschen und Tiere leiden dann großen Hunger, weil auch die Pflanzen ohne Wasser nicht wachsen.

1. Lies den Text.
2. In dem Text hat sich ein Satz versteckt, der nicht hineingehört. Finde diesen falschen Satz und schreibe ihn auf.

- Was geschieht, wenn das Wasser knapp ist?

Wasser sparen?

1. Papa, Opa und Tim nennen unterschiedliche Gründe dafür, dass Wasser gespart werden muss. Was meint ihr zu den einzelnen Antworten?

2. Was könnte Lena weiter fragen?

3. Wie könnt ihr eigene Antworten auf Lenas Frage finden? Sucht weitere Informationen zum Thema Wassersparen. Sammelt die Argumente an der Tafel.

Wassergedicht

Zwei Boote im See.

Die Segel flattern im Wind.

Das Wasser glitzert.

1. Lies das Haiku.

2. Schreibe das Haiku ab.
   Zeichne Silbenbögen unter die Wörter.
   Zähle die Silbenbögen in jeder Zeile.

3. Sammle Wörter zum Wasser.
   Schreibe dein eignes Haiku zum Thema Wasser.

Schreibe ein Haiku auf ein Schmuckblatt.

Ein Haiku ist eine japanische Gedichtform.

Tipp

Haiku

5 Silben Der Kapitän winkt.

7 Silben Nun winkt das Mädchen zurück.

5 Silben Der Kapitän lacht.

Eine Muschel am Strand

1 Schreibe eine Geschichte zu diesem Bild.

Die Tigermuschel
Mia und Paula sind in den Ferien an der Nordsee. Sie rennen am Strand entlang. Da …

Tipp

- Wer findet die Muschel?
- Was macht er oder sie damit?
- Bleibt die Muschel an diesem Ort?
- Denke an eine Überschrift.

98
78

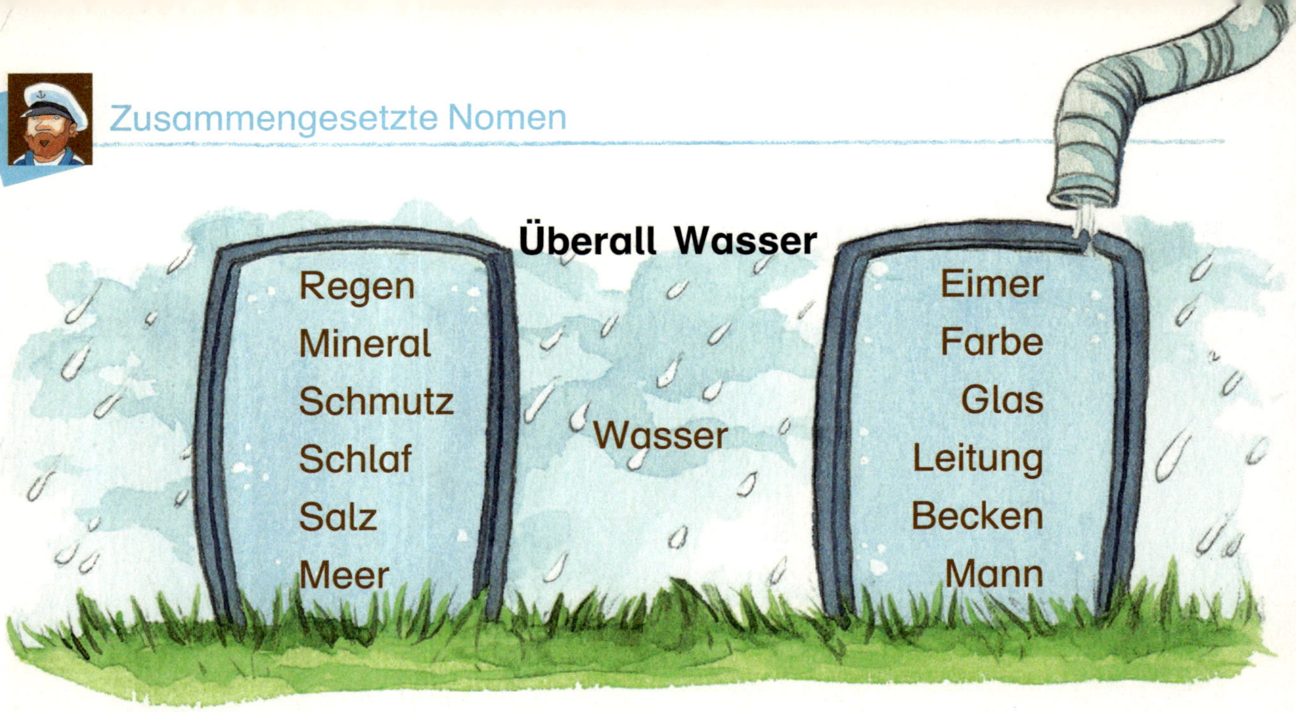

① Bilde zusammengesetzte Nomen mit Wasser.
Achtung! Mit einem Wort kannst du kein neues Wasserwort bilden:
Regen + Wasser: Regenwasser, …

Goldfisch • Regenmantel • Hausboot • Eisberg • Luftmatratze
Wasserpfütze • Schneeflocke • Seepferdchen • Karpfenteich

② Trenne die zusammengesetzten Nomen:
Goldfisch: Gold + Fisch, Regenmantel: …

Aus wie vielen Nomen ist das Wort Wasserflugzeugtechnikerschule zusammengesetzt? Schreibe alle Wörter auf. Oder: Versuche selbst lange, zusammengesetzte Wörter zu finden.

Merksatz

Nomen, die aus mehreren Wörtern zusammengesetzt werden, nennt man zusammengesetzte Nomen (Substantive):
Regen + Wasser: Regenwasser.

93
89

Hafenmeister oder Bademeister?

Kran • Fische • Hafenmeister • Sprungturm
Planschbecken • Liegewiese • Bademeister
Anlegestelle • Rutsche • Fischerboot • Steg
Dusche • Umkleidekabine • Hafenbecken
Sprungbrett • Möwe • Schließfach • Fähre

1. Welche Wörter gehören zum Wortfeld Hafen?

   Wortfeld Hafen: Hafenmeister, …

2. Zu welchem Wortfeld gehören die anderen Wörter?
   Schreibe sie auf und finde eine passende Überschrift:

   Wortfeld …: …

107
90

Quallen

Frösche, Schweine, Türen,
quaken, quieken, quietschen,
doch die Quallen zählen
zu den stillen Tieren.
Sie schweben gleich Engeln
dahin ohne Quengeln.
Sie machen nicht Qualm,
sie reden nicht Quatsch.

Josef Guggenmos

1. Lies das Gedicht.

2. Schreibe das Gedicht ab. Markiere alle Qu und qu.

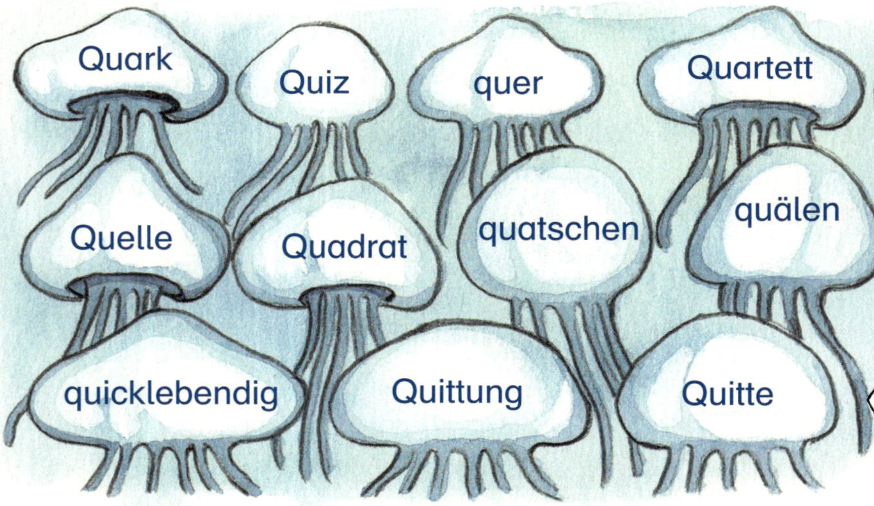

3. Schreibe die Wörter aus den Quallen auf.
   Sortiere sie nach Wortarten:

Nomen: Quark, …
Verben: …
Adjektive: …

Im Hafen ist viel los

Ein Ruderboot legt an.
Ein Luftschiff ist gelandet.
Tim bindet das Segelboot fest. Tinto hat dem Angler einen Fisch geklaut.

1. Lies die Sätze.

2. Klatsche die Wörter. Schreibe die Sätze mit Trennstrichen zwischen den Silben auf:

Ein Ru-der-boot …

Auf dem Wasser sieht man Wellen. Eine Mutter und ihre Tochter rennen zum Schiff.
Die Fahne des Schiffes flattert im Wind.
Ein Hund möchte zum Floß schwimmen.

Schreibe diese Sätze mit Trennstrichen zwischen den Silben auf. Achtung!
Doppelte Mitlaute trennst du zwischen den Mitlauten:

Auf dem Was – ser …

Merksatz

Wörter bestehen aus Silben. Am Zeilenende kann man die Wörter zwischen den Silben trennen: **Ha-fen, Was-ser.**

92 93 94 137

Rechtschreibtraining

Wasser quillt aus der Erde. Das ist eine Quelle. Aus dem Quellwasser wird ein Dorfbach. An seinem Ufer quaken laut Frösche. Platsch! Einer springt ins Wasser. War das ein Laubfrosch?

Wörter trennen

Schere • Flasche • bewegen • Hose • Ampel • Auto
Blume • draußen • waschen • nämlich • Körper
Flugzeug • Geschäft • merken • lernen • Regen • zeigen

① Trenne die Wörter nach Silben: *Sche-re, Fla-sche, …*

Im Hafen ist viel los. Schiffe werden entladen.
Eine Reisegruppe besichtigt den Hafen.
Gerade legt eine große Fähre ab.

Schreibe diese Sätze mit Trennstrichen zwischen den Silben auf. Trenne doppelte Mitlaute zwischen den Mitlauten.

Wörter mit Qu und qu

Quadrat • quälen • Qualle • Qualm • qualvoll • Quiz • Quatsch
Quecksilber • Quittung • quer • quasseln • Quark

② Schreibe die Wörter ab. Markiere in jedem Wort das Qu oder qu:
Quadrat, quälen, …

③ Lass dir die Wörter von einem Partnerkind diktieren.

92 94 91 137

Wortfelder

Bahnhof • Käsetheke • Kühlregal • Bahnsteig • Gleis
Fahrkartenschalter • Einkaufszettel • abfahren • Schnellzug
Schaffner • Fahrkarte • Kassenzettel • verreisen • schleppen
Regal • Kasse • Verkäuferin • Obstkorb • einkaufen • bezahlen
aussuchen • teuer

(1) Ordne die Wörter zu.
Manche Wörter passen in beide Wortfelder:
Wortfeld Bahnhof: …
Wortfeld Supermarkt: …

(2) Finde Wörter zum Wortfeld Schule:
Tafel, Klasse, …

Übungswörter

der Dorfbach
die Erde
der Laubfrosch
die Qualle
die Quelle
das Ufer
quaken
schwimmen
springen

Zusammengesetzte Nomen

Apfel		Gabel
Käse		Form
Hunde	Kuchen	Teig
Zwiebel		Stuhl
Sand		Rezept

(3) Schreibe die zusammengesetzten Nomen auf. Achtung!
Mit einem Wort gibt es kein zusammengesetztes Nomen.

Finde zusammengesetzte Nomen zu Buch- und -buch:
Märchenbuch, …

89 90 93

Auf der Baustelle

FERKEL
FIX

Textabschnitten passende Überschriften zuordnen

Nachts auf der Baustelle

(A) Eines Abends hat Papa eine Überraschung: Einen Helm für Alex. Und während Mama schläft, gehen Papa und Alex leise hinaus in die Nacht. Eine Kehrmaschine macht ihre Runde. Ein Lieferwagen parkt ein. „Das sind Nachtarbeiter“, sagt Papa, „so wie ich.“

(B) Papa stellt das Auto bei der Baustelle ab. Alex hört das Rattern und Brummen der schweren Maschinen. Ein riesiges Loch entsteht in der Erde. Hier wird ein Haus gebaut. Papa bleibt stehen und spricht mit dem Polier. Er breitet den Plan der Baustelle aus. In einer Ecke brummt ein Zementmischer Die Arbeiter schütten Beton auf den Grund. „Sie gießen das Fundament“, sagt Papa.

C „Ich will auch helfen“, sagt Alex. Da springt der Motor eines großen gelben Radladers an. „Hoch mit dir“, sagt Papa. Er setzt Alex neben den Fahrer. Langsam schiebt sich die Maschine über den Kies. Der Fahrer legt Alex’ Hände über die Hebel. „Fertig?“, fragt er. Alex nickt und drückt die Hebel runter. „Jetzt bin ich auch ein Nachtarbeiter“, sagt Alex.

Kate Banks, Georg Hallensleben

① Lies die Geschichte.

- Die Baustelle
- Nachtarbeiter Alex
- Alex auf dem Kran
- Die Überraschung
- Ein Haus wird gebaut
- Alex will helfen
- Pech
- Nachtarbeiter unterwegs

② Suche für jeden Teil der Geschichte eine passende Überschrift aus. Schreibe sie untereinander auf.

Welche zwei Überschriften passen gar nicht zur Geschichte?

Häuser, Häuser

„Iglu“ nennen die Inuit ihre Schneehütten. Auf Deutsch heißt das ganz einfach „Haus“. Ein Iglu wird aus Schneeblöcken gebaut. Das dauert nur wenige Stunden. Die Iglus dienen heute nur noch als Unterkunft bei der Jagd. Die Inuit leben jetzt in Holzhäusern.

Dies ist eine „Jurte“. So nennt man das Haus der Wanderhirten in Nordchina. Man kann die Jurte leicht aufrichten und auch schnell wieder abbauen. Etwa sechsmal im Jahr ziehen die Hirten mit ihren Pferden und Schafen zu neuen Weideplätzen.

(1) Lies die beiden Texte.

(2) Beantworte die Fragen:
- Was heißt „Iglu“ auf Deutsch?
- Wozu dienen die Iglus heute?
- In welchem Land werden Jurten gebaut?
- Warum muss man Jurten schnell aufbauen und abbauen können?

Denke dir zu jedem Text eine weitere Frage aus.

Auf dem Bauspielplatz

① Hier stimmt etwas nicht. Wie muss es richtig heißen?

② Bilde zwei weitere Unsinnsätze.

Der Baukran

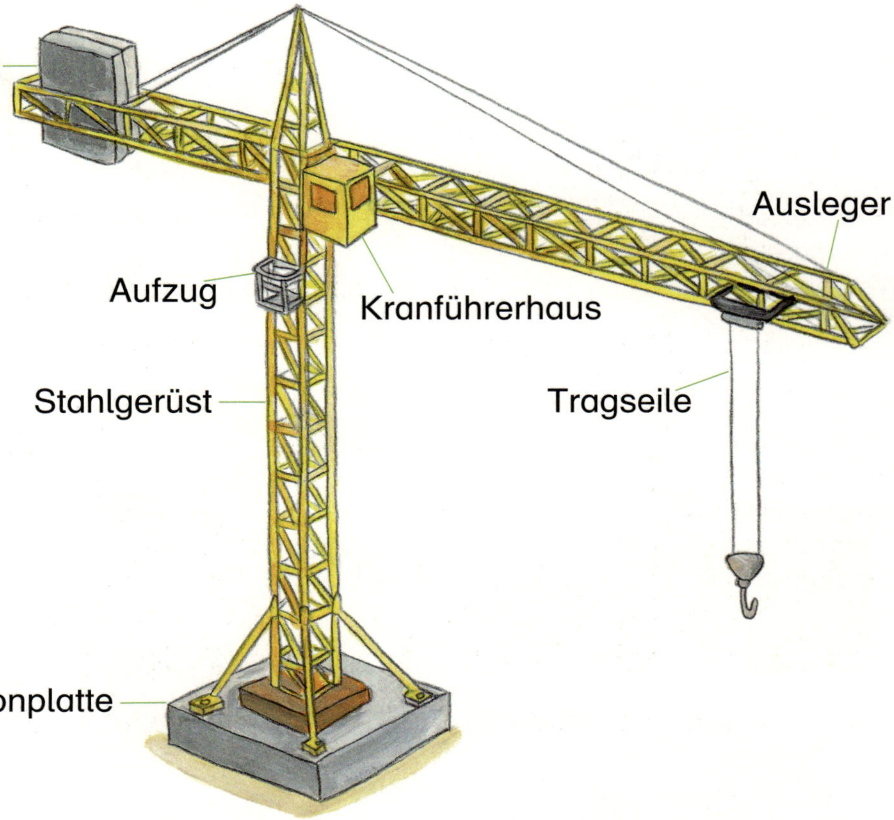

(1) Schau dir den Kran genau an.

(2) Beschreibe das Aussehen des Krans.

Beschreibe ein anderes Baufahrzeug.

Tipp

- Überlege dir eine Reihenfolge für deine Beschreibung: von unten nach oben oder von oben nach unten.
- Mit Adjektiven kannst du etwas genau beschreiben: hoch, schwer, stark, fest, stabil, drehbar …

97
17

Ein Haus wird gebaut

Architektin • Bauplan

Baugrube • ausheben

Maurer • Kelle

Dachstuhl • Richtkranz

Dachdecker • Dachziegel

Maler • Glaser

1. Wie wird das Haus gebaut?
   Schreibe zu jedem Bild ein oder zwei Sätze.

2. Schreibe noch einen Schluss dazu.

Auf dem Bau

groß	größer	am größten
schwer	schwerer	
klein		am kleinsten
lang		
hoch		

① Schreibe die Adjektive auf.
Ergänze die Vergleichsstufen:

groß, größer, am größten
schwer, …

Der Lastwagen ist hoch.
Der Bagger ist höher.
Der Kran ist am höchsten.

② Suche dir mindestens ein Adjektiv von Aufgabe 1 und ein Verb und schreibe dazu drei Sätze.

Merksatz

Mit Adjektiven kann man vergleichen:
Der Lastwagen ist hoch.
Der Bagger ist höher.
Der Kran ist am höchsten.

103 104 99 130

Ein Neubau

Hier wird ein großes Haus gebaut.
Rund um den Bauplatz
ist ein Bauzaun.
Die Baugrube ist schon ausgehoben.
Die Bauarbeiter streichen
den Beton glatt.
Ein Lastwagen bringt Ziegelsteine.
Es wird noch lange dauern,
bis der Rohbau fertig ist.
Was soll das wohl
für ein Gebäude werden?

(1) Schreibe alle Wörter heraus, die zur Wortfamile bauen gehören.
Unterstreiche den Wortstamm bau: *Neubau, …*

Schreibe einen Satz, in dem mindestens drei Wörter der Wortfamilie bauen vorkommen.

arbeiten • Beruf • Arbeiter • arbeitslos • Feierabend
Bauarbeiter • Arbeitszeit • Meister • Arbeit • Job
gearbeitet • Arbeitsamt • Baustelle • verarbeiten

(2) Im Kasten haben sich neun Wörter einer Wortfamilie versteckt.
Schreibe sie auf und unterstreiche den Wortstamm.

Die Malerin

Fertig!
Der letzte Pinselstrich ist getan.
Die Malerin sitzt auf der Leiter
und putzt ihre schmutzigen Hände ab.
Sie sind mit Farbe bespritzt.
Die Malerin nimmt ihre Mütze ab.
Sie schwitzt.
Jetzt hat sie sich eine Pause verdient.

(1) Lies den Text.

(2) Schreibe alle Wörter mit tz auf.
Markiere alle tz.

Schreibe den Text um. Ersetze Die Malerin durch Der Maler.

sitzen	Mütze	schwatzen
spr	Pf	pl
fl	St	kr
r	Gr	schm

(3) Schreibe die Reimwörter.

Merksatz

Nach einem kurzen Selbstlaut schreibt man tz:
Mütze, sitzen.

Der Dachdecker

Auf dem Dachbalken hockt der Dachdecker.
Er deckt das Dach mit roten Dachziegeln.
Er reckt sich und streckt sich.
Er bückt sich und packt nach den Ziegeln.
Er ist schwindelfrei. Sogar sein Frühstück
schmeckt ihm in der luftigen Höhe.

① Lies den Text über den Dachdecker.
Schreibe alle Wörter mit ck auf und unterstreiche ck.

sch, n, fl, t, bl — ick — en

b, R, gl, L, M, dr — ück — en

② Bilde Wörter.
Markiere die kurzen Selbstlaute vor dem ck mit einem Punkt.

Glo_e • wa_eln • we_en • La_en • Blo_ • kni_en • qua_en • E_e

Schreibe die Wörter vollständig auf. Zwei Wörter haben einen langen Selbstlaut und werden nur mit k geschrieben.

Merksatz

Nach einem kurzen Selbstlaut schreibt man ck:
schmecken, Glocke.

Rechtschreibtraining

Drei Dachdecker machen Pause. Zwei schwatzen und essen leckere Schnitzel. Aber einer schaut verdutzt auf seine Hose. Sie ist bekleckert. Was ist das jetzt für ein Fleck? Taubendreck.

Adjektive: Vergleichsstufen

hell • jung • weich • klein • dick • teuer

① Finde die Vergleichsstufen dieser Adjektive:

hell, heller, am hellsten, jung, …

Pferd • Mann • Elefant • Auto • Fahrrad • Flugzeug

Vergleiche mit den Adjektiven schnell und stark. Schreibe Sätze.

Wortfamilien

Spielplatz • Hörspiel • Sportschau • Tierschau • verspielen
anschauen • spielerisch • Vorschau • gespielt • Schauspieler
Mitspieler • geschaut • Schaufenster • Zuschauer
Spielzeug • Spielregel • umschauen

② Ordne die beiden Wortfamilien in eine Tabelle ein. Unterstreiche in jedem Wort den Wortstamm spiel oder schau:

Wortstamm spiel: …
Wortstamm schau: …

100 103 99 104

Wörter mit tz

Sch, Fr, Sp, Pl, T — atz — e

s, p, N, h — etz — en

st, schm, p, p, Sch — utz — en, ig

① Bilde Wörter. Die Endbuchstaben musst du nicht immer benutzen.
Markiere den kurzen Selbstlaut vor tz mit einem Punkt.

Wörter mit ck

Ⓐ Gartengerät

Ⓑ Hunderasse

Ⓒ Kleidungsstück

Ⓓ Teil des Kochtopfs

Ⓔ kleines Tier mit Fühlern

Ⓕ führt über den Fluss

Ⓖ Uhr

Ⓗ Gehhilfe

Übungswörter

der Dreck
der Fleck
das Schnitzel
decken
kleckern
schwatzen
lecker
verdutzt
jetzt

② Schreibe die Rätsellösungen auf.
Markiere den kurzen Selbstlaut vor ck mit einem Punkt:

A: Hacke, B: …

Unterwegs

STRANDBRUMME
ZOO
KASSE
Gorillas

Lotte will verreisen

Lotte fährt mit ihrer Mutter nach New York. Das ist eine große Stadt in Amerika. Dort wohnt ihre Patentante Ella. Lotte packt alles ein, was sie braucht: ihr Prinzessinnenkleid, ihre Krone, Buntstifte und natürlich Erich, ihr Schlafschaf. Ohne Erich kann Lotte nicht schlafen. Ohne Erich geht Lotte nie ins Bett. Lotte hat Erich, seit sie ein Baby ist. Ihre Patentante Ella aus New York hat ihn Lotte geschenkt. Erich ist also aus New York. „Wir verreisen nach New York“, flüstert Lotte „da kommst du her. Kannst du dich an New York erinnern?“ „Nö“, sagt Erich, das Schaf.

Mit dem Flugzeug fliegen sie nach New York.

In New York pfeift man nach den Taxis. Die Taxis sind hier gelb, und das Geld ist grün. „Schau doch mal“, sagt Lottes Mutter, „die Wolkenkratzer sehen wirklich so aus, als würden sie an den Wolken kratzen.“ Tante Ella wohnt in einer klitzekleinen Wohnung, und deshalb übernachten Lotte, ihre Mutter und Erich in einem Hotel. Vor dem Hotel steht ein Mann in einer blauen Uniform. Er heißt Paco und sagt zu Lotte: „Cool T-Shirt!“ Das ist Englisch und heißt cooles T-Shirt. Paco hat Kaugummis in der Tasche. Lotte bekommt einen Kaugummi. Lottes Mutter findet Kaugummi blöd. Lotte nicht.

Doris Dörrie

① Lies die Geschichte.

Wo liegt New York?
- in Afrika
- in Amerika
- in Australien

Wen nimmt Lotte mit ins Bett?
- Ella
- das Schlafschaf
- Erich

Wie kommt Lotte
nach New York?
- mit dem Flugzeug
- mit dem Schiff
- mit dem Fahrrad

Wer steht vor dem Hotel?
- ein Mann in einer gelben Uniform
- Paco
- ein Mann in einer blauen Uniform

② Schreibe die Fragen mit den richtigen Antworten auf. Es können auch mehrere Antworten richtig sein.

Was ist ein Wolkenkratzer? Beschreibe.

Am Bahnhof

Diese Anzeigetafel zeigt an, wann und wohin die Züge fahren.

① Schau dir die Anzeigetafel genau an.

② Beantworte die Fragen:

- Von welchem Gleis fährt der Zug nach Soest?
- Wie viele Züge fahren nach Düsseldorf?
- Ein Zug fährt über* Wuppertal nach Nürnberg. Wo hält er noch?
- Um 16:27 Uhr fährt ein Zug von Gleis 6 ab. Welches Ziel hat er?
- Wie viele Züge halten an der Westfalenhalle?

Lenas Opa verpasst den ersten Zug nach Düsseldorf.
Wie lange muss er auf den nächsten warten?

* „Ein Zug fährt über" bedeutet:
Er hält unterwegs an diesen anderen Bahnhöfen.

Sommerzeit – Ferienzeit

Text und Melodie: Wolfgang Spode

2. Reisen um die halbe Welt,
einfach tun, was mir gefällt.
Wandern, radeln, Spiel und Spaß
und faulenzen im Gras.

1. und 2.: Pack den Koffer 1, 2, 3, diese Sachen sind dabei: …

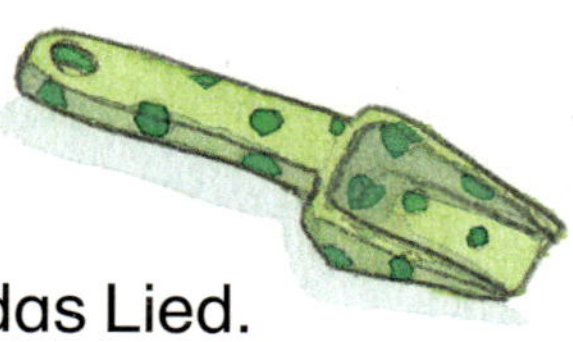

① Singt das Lied.

② Was könnt ihr in euren Koffer packen?
Merkt euch so viele Gegenstände, wie ihr könnt.

Ich träume mir ein Land

Ich träume mir ein Land,
da wachsen tausend Bäume,
da gibt es Blumen, Wiesen, Sand
und keine engen Räume.
Und Nachbarn gibt's, die freundlich sind,
und alle haben Kinder,
genauso wild wie du und ich,
nicht mehr und auch nicht minder.

Erika Krause-Gebauer

① Lies das Gedicht.

Mein Traumland
Der Strand ist sauber.
Das Meer ist so blau und groß.
Ich tauche ganz tief.

Meine Ferien in Holland
Wir waren in Holland.
Da gibt es ganz viele Windmühlen.
Jeden Tag …

② Schreibe über ein Traumland.
Oder: Schreibe über ein Land, das du schon kennst.

Ein Ausflug zum Zoo

Ich war am Samstag auf Tims Geburtstagsfeier. Wir waren mit Tim und seiner Mama im Zoo. Lena, Karl, Ömer, Fatma, Kiara und Marie waren auch da. Zuerst waren wir bei den Affen. Die waren so lustig. Einer wollte immer Tims Brille klauen.

Dann haben wir mit einer Frau ein ganz tolles Spiel gemacht. Das war eine Zoo-Rallye. Wir mussten immer die Schilder lesen und ganz viel selbst herausfinden. Das hat Spaß gemacht.

Dann waren wir noch auf dem Spielplatz.

Und Tims Mama hat uns allen Eis gekauft.

Wenn ich Geburtstag habe, will ich auch in den Zoo.

Jonas

① Lies die Geschichte von Jonas.

② Schreibe auch eine Geschichte über einen Ausflug, den du gemacht hast.

Male ein Bild zu deinem Text.

Tipp

- Wo warst du?
- Mit wem hast du den Ausflug gemacht?
- Was ist Besonderes passiert?

Franziskas erste Bahnfahrt

Ist das aufregend!
Franziska steht mit ihrer Mutter vor der großen Anzeigetafel im Bahnhof. Sie wollen Oma besuchen. Und Franziska ist noch nie mit dem Zug gefahren.
Die Fahrkarten haben sie gestern schon gekauft. „Wir haben noch eine halbe Stunde Zeit, Franzi. Der Zug hat Verspätung“, ärgert sich Mutter.
„Au fein!“, ruft Franzi, „dann kann ich mir alles anschauen. Kaufst du mir noch eine neue Zeitung? Und schau mal, da gibt es Laugenbrezeln, davon möchte ich eine haben. Die sind so schön salzig. Und da hinten, da gibt es auch Saft und ganz tolle Süßigkeiten. Komm!“ „Halt, halt!“, ruft Mutter „wenn wir da überall noch hingehen, werden wir unseren Zug verpassen. Du musst dich schon entscheiden!“

① Lege eine Tabelle an und finde zu jeder Wortart noch mindestens fünf Wörter:

Nomen	*Verben*	*Adjektive*
Franziska	*steht*	*aufregend*
...	...	...

② Suche in der Wörterliste zu jeder Wortart mindestens fünf weitere Wörter.

113
109

Auf dem Bahnhof

Wo gibt es Fahrkarten
Vorsicht an der Bahnsteigkante
Jonas fährt zu seiner Tante
Wann fährt der Zug nach Berlin ab
Oma, Oma, komm schnell, unser Zug
Die Fahrscheine, bitte
Ich möchte mir eine Zeitung kaufen
Da vorne ist das Gleis acht

① Schreibe die Sätze auf. Setze am Satzende einen Punkt, ein Fragezeichen oder ein Ausrufezeichen.

Finde selbst eine Frage, einen Aussagesatz und einen Ausruf. Schreibe sie auf.

heute will Oma mit Jonas einen Ausflug machen in der großen Bahnhofshalle ist viel los viele Menschen laufen herum alle reden und rufen durcheinander

② Lies den Text.

③ Schreibe den Text auf. Setze dabei die richtigen Satzzeichen. Schreibe die Satzanfänge groß.

114 131 110

Auf der Seidenstraße

Eine große Karawane zieht die Straße entlang. Die Dromedare sind schwer beladen. Sie tragen Kisten und Säcke auf ihren Rücken. Männer in weißen Kleidern und dunklen Gewändern laufen neben den Tieren her. Oft ist es heiß, und der Schweiß läuft den Männern über das Gesicht. So war es vor 2000 Jahren auf der Seidenstraße. Dort zogen regelmäßig die großen Karawanen von Europa nach China und zurück. Sie transportierten alles, was die Menschen brauchten.

① Lies den Text.
Warum heißt die Seidenstraße wohl Seidenstraße?

② Schreibe alle Wörter mit ß auf und markiere das ß:
Seidenstraße, ...

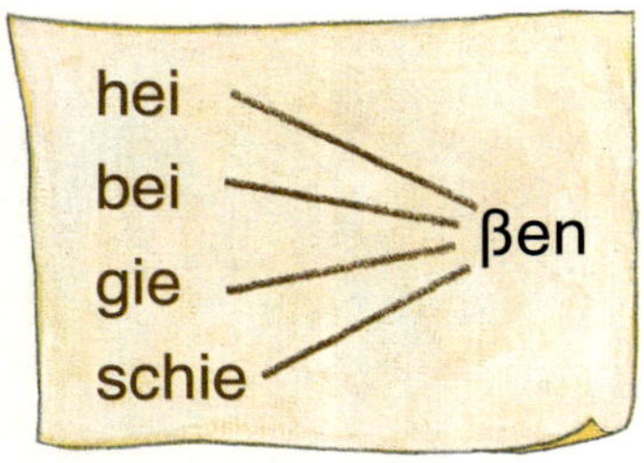

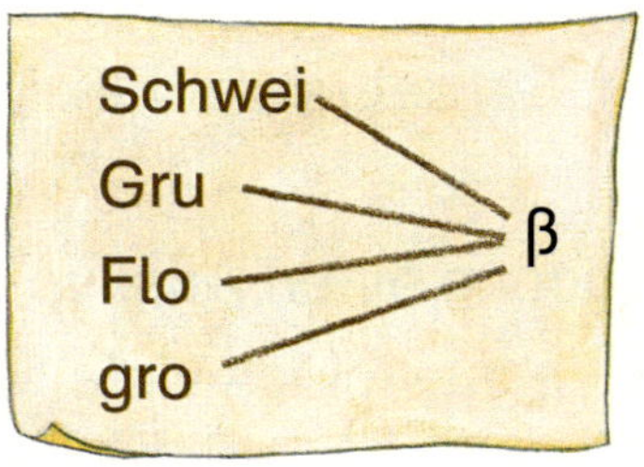

③ Finde die Wörter und schreibe sie auf.
Markiere in allen Wörtern das ß:
heißen, beißen, ...

113
111

Fehler finden

Paula ist im Juni seiben Jahre alt gewoaden. Ihre Patentante [2]

hat ihr dazu ein ganz besonderes geschenk gemach: [2]

Paula darf sie in den Ferien besuschen – ganz alleine! [1]

„Nur noch zweimal schlaffen!“, ruft Paula beim Frühstück. [1]

Sie froit sich schon so sehr. ein ganz klein bisschen Angst [2]

hat sie auch. Aba das wird nicht verratn! [2]

① Lies den Text. Schaue jedes Wort an und suche die Fehler. Die Zahl im Kästchen sagt dir, wie viele Fehler du in der Zeile suchen musst.

② Schreibe den Text richtig auf. Unterstreiche die berichtigten Wörter.

die Bine • das Flugzeuk • der Fußbal
die Hende • der Wuam • das Schpiel
die Butta • der Kwatsch
die Schneke • die Fanne

Korrigiere die Fehlerwörter.

114 112

Feste im Jahr

MAI
MAMA
JUNI
PAPA
JULI
AUGUST
LENA
SEPTEMBER
OBER

Hasenfärberei

Es färbten vier Hasen zur Osterfeier
wie jedes Jahr brav Ostereier.
Zunächst beginnt man recht geschwind.
Doch als sechs Eier fertig sind,
da macht der erste sich den Spaß
und taucht ein Ohr ins Farbenglas.

„Wie siehst du aus!“, die anderen schrein.
„Ein rotes Ohr! Du bist ein Schwein!“
Was unseren Hasen wenig stört.
Im Gegenteil, was tut er – hört:
Er streicht mit roter Farbe auch
sich seinen weichen Hasenbauch.

Und nun auf einmal sind die drei
gleichfalls für Hasenfärberei.
Der zweite fasst ein Herz sich schnell,
bedeckt mit Schwarz sein ganzes Fell.
Der dritte Hase wird schön bunt,
er tupft Orange auf gelben Grund.

Der vierte malt sich blaue Streifen
und dreht die Ohren keck zu Schleifen.
Er singt ein Lied aus vollem Hals.
Die anderen singen ebenfalls
und tanzen stundenlang im Kreis.
Die meisten Eier bleiben weiß!

Joachim Urbanek

Leuchte mir, Laterne

Text und Musik: Werner Költeritz, Anne Rudolph

Nikolaus-Rap

|: Mor gen kommt der Ni - ko - laus :|

|: stell den Schuh raus :|

|: Was wird er wohl brin - gen? :|

|: War - te, war - te! :|

Wo man Geschenke verstecken kann

Im Keller hinter Kartoffelkisten,
im Schreibtisch zwischen Computerlisten,
in alten verstaubten Bauerntruhen,
in ausgelatschten Wanderschuhen,
auf Wohnzimmerschränken, in Blumenvasen,
ja, selbst in Bäuchen von flauschigen Hasen,
in Einzelsocken, ohne Loch,
und eine Möglichkeit wäre noch,
das Geschenk unter die Matratze zu legen.
Das ist nicht so gut der Bequemlichkeit wegen.
Der Toilettenspülkasten eignet sich nicht,
denn welches Geschenk ist schon wasserdicht.
Ob sperrig, ob handlich, ob groß oder klein:
Geschenkeverstecken muss einfach sein.
Das einzig Schwierige daran ist,
dass man das Versteck so leicht vergisst.

Regina Schwarz

A Merry Christmas

Text und Musik: traditionell

2. Now give us some Christmaspudding (dreimal). Now thank you, good bye.
Nun gebt uns vom Weihnachtskuchen (dreimal). Wir danken dafür.

3. Wie erste Strophe.

Das große Quiz

In der Schule

Wen bringt Inga mit in die Schule?

T einen Elefanten | Ö eine Katze | D ein Meerschweinchen

Wie heißt die Mehrzahl von „Buch“?

A Buche | S Buchen | O Bücher

Auf der Straße

Wo wird Jakob von einem großen Jungen geärgert?

A in der Schule | L am Stefansberg | O im Stadtpark

Welche Wörter können Artikel haben?

M Verben | V Adjektive | L Nomen

Im Herbst

Wer möchte seine dunkle Lieblingsjacke anziehen?

S Jonas | G Tim | X Fatma

„Warum ziehst du so an der Leine, Leo…“ Dieser Satz ist

V eine Aussage. | E eine Frage. | D ein Ausruf.

Zu Hause

Was hat Jule zum Essen aufgesetzt?

Z Simons Kappe | A Papas Mütze | M Mamas Hut

Welches Wort ist ein Verb?

C kalt | A schlafen | L Tisch

Gestern – heute – morgen

Wie heißt der Monat vor dem Dezember?

H Oktober | C November | I September

Welches Nomen enthält einen langen Selbstlaut?

K Nacht | O Wald | H Tag

Hokuspokus

Rosmarine wohnt mit ihrer Mama in einem

P Mondschloss. | S Wasserschloss. | T Luftschloss.

Der Gegensatz von heiß ist

D kalt. | G nass. | N weich.

Mein Körper

Der farbige Kreis im Auge heißt

B Wimper. A Iris. X Augenlid.

Wie sind die Wörter in der Wörterliste sortiert?

L nach Wortarten S nach dem ABC K nach Wortlänge

Im Frühling

Welche Blume wächst aus einer Zwiebel?

Ü Veilchen E Schlüsselblume W Tulpe

Welches Wort ist eine Vergleichsstufe?

P kurz A länger R heiß

Am Wasser

Salzwasser gibt es

M in Bächen. B in Seen. R im Meer.

„Hafenmeisterbürostuhlkissen“ besteht aus

T fünf Nomen. S drei Nomen. K sechs Nomen.

Auf der Baustelle

Woraus wird das Fundament eines Hauses gegossen?

O aus Holz K aus Kies I aus Beton

Welches Wort gehört zur Wortfamilie „bauen“?

S Kran N Baustelle O Gerüst

Unterwegs

Wen besucht Lotte?

Ü Onkel Erich B Tante Lilli T Tante Ella

Welches Wort ist ein Adjektiv?

I Süßigkeit O süß P versüßen

① Schreibe die Lösungsbuchstaben nacheinander auf.
Sie ergeben einen Lösungssatz.

Wörterliste

Aa

das **Abenteuer,** die Abenteuer
acht
der **Affe,** die Affen
alt
die **Ampel,** die Ampeln
der **Apfel,** die Äpfel
der **April**
das **Aquarium,** die Aquarien
der **Arzt,** die Ärzte
die **Ärztin,** die Ärztinnen
auf
das **Auge,** die Augen
der **August**
das **Auto,** die Autos

Bb

die **Banane,** die Bananen
der **Berg,** die Berge
besser
bis
blöd
die **Blume,** die Blumen
böse
brauchen, er braucht
brausen, es braust
die **Brille,** die Brillen
bringen, sie bringt
das **Buch,** die Bücher
der **Bügel,** die Bügel
die **Burg,** die Burgen

Cc

der **Cent,** die Cent
der **Computer,** die Computer

Dd

das **Dach,** die Dächer
der **Dackel,** die Dackel
dann
decken, er deckt
Deutschland
der **Dezember**
der **Dienstag,** die Dienstage
der **Dinosaurier,** die Dinosaurier
der **Donnerstag,** die Donnerstage
der **Dorfbach,** die Dorfbäche
dort
der **Drachen,** die Drachen
der **Dreck**

drei
dunkel
dürfen, sie darf

Ee

eckig
einmal
eins
der **Eisbär,** die Eisbären
eklig
der **Ellbogen,** die Ellbogen
eng
die **Erde**
euch
Europa

Ff

falsch
der **Februar**
die **Feder,** die Federn
die **Ferien**
der **Fernseher,** die Fernseher
das **Feuer,** die Feuer
der **Finger,** die Finger
fix
der **Fleck,** die Flecken
das **Flugzeug,** die Flugzeuge
der **Freitag,** die Freitage
freuen, er freut sich
der **Freund,** die Freunde
früh
fünf
der **Fuß,** die Füße

Gg

der **Garten,** die Gärten
geben, er gibt
der **Geburtstag,** die Geburtstage
das **Geld,** die Gelder
das **Geschenk,** die Geschenke
das **Glas,** die Gläser
grün
der **Gruß,** die Grüße

Hh

das **Haar,** die Haare
haben, sie hat
der **Hahn,** die Hähne
halb
der **Hals,** die Hälse

das **Heft,** die Hefte

heißen, er heißt

hell

das **Hemd,** die Hemden

die **Hexe,** die Hexen

hier

der **Himmel,** die Himmel

hinter

das **Huhn,** die Hühner

der **Hund,** die Hunde

Ii

der **Igel,** die Igel

ihm

ihn

ihr

immer

in

Jj

der **Januar**

jetzt

der **Juli**

der **Juni**

Kk

das **Kalb,** die Kälber

kalt

das **Kind,** die Kinder

die **Klasse,** die Klassen

kleckern, es kleckert

das **Knie,** die Knie

der **Knopf,** die Knöpfe

können, sie kann

der **Kopf,** die Köpfe

das **Kreuz,** die Kreuze

das **Krokodil,** die Krokodile

Ll

lächeln, es lächelt

lachen, er lacht

das **Land,** die Länder

langsam

der **Laubfrosch,** die Laubfrösche

lecker

der **Lehrer,** die Lehrer

leuchten, es leuchtet

die **Leute**

lieb

liegen, sie liegt

Mm

der **Mai**
der **März**
die **Mauer,** die Mauern
merken, er merkt
der **Mittwoch,** die Mittwoche
mögen, sie mag
der **Montag,** die Montage
mutig
die **Mutter,** die Mütter
müssen, es muss

Nn

nach
neu
neun
die **Note,** die Noten
der **November**

Oo

das **Ohr,** die Ohren
der **Oktober**
der **Ort,** die Orte

Pp

pfeifen, er pfeift
das **Pferd,** die Pferde
die **Pflaume,** die Pflaumen
die **Pfütze,** die Pfützen
der **Pinguin,** die Pinguine

Qu qu

quaken, sie quakt
die **Qual,** die Qualen
qualmen, es qualmt
quellen, es quillt
das **Quellwasser**
quer
quetschen, sie quetscht

Rr

das **Rad,** die Räder
der **Rahmen,** die Rahmen
das **Regal,** die Regale
regnen, es regnet
der **Reifen,** die Reifen
richtig

der **Roller,** die Roller

rund

Ss

der **Samstag,** die Samstage

das **Scharnier,** die Scharniere

scheu

schimpfen, sie schimpft

die **Schlange,** die Schlangen

schlau

schlechter

schmerzen, es schmerzt

das **Schnitzel,** die Schnitzel

schreiben, er schreibt

die **Schule,** die Schulen

schwach

schwatzen, er schwatzt

schwimmen, es schwimmt

sechs

der **September**

sie

sieben

singen, sie singt

sollen, er soll

die **Sonne,** die Sonnen

der **Sonntag,** die Sonntage

die **Spagetti**

die **Spange,** die Spangen

der **Spargel,** die Spargel

das **Sparschwein,** die Sparschweine

der **Spaß,** die Späße

spät

der **Spaten,** die Spaten

der **Spiegel,** die Spiegel

das **Spiel,** die Spiele

die **Spinne,** die Spinnen

der **Sport**

springen, es springt

der **Stab,** die Stäbe

stark

starten, es startet

staunen, er staunt

der **Steg,** die Stege

steigen, er steigt

der **Stein,** die Steine

die **Stelze,** die Stelzen

der **Stempel,** die Stempel

das **Steuer,** die Steuer

der **Stiefel,** die Stiefel

der **Stift,** die Stifte

stillen, sie stillt

der **Storch,** die Störche

der **Sturm,** die Stürme

Tt

die **Tafel,** die Tafeln

die **Tasche,** die Taschen

das **Tier,** die Tiere
toll
der **Topf,** die Töpfe
die **Torte,** die Torten
der **Tropfen,** die Tropfen

Uu

über
überlegen, sie überlegt
das **Ufer,** die Ufer
um
der **Umschlag,** die Umschläge
unter

Vv

der **Vater,** die Väter
das **Veilchen,** die Veilchen
das **Verb,** die Verben
verdutzt
viele
vier
der **Vogel,** die Vögel
von
vor

Ww

der **Wagen,** die Wagen
warm
weit
wenige
wieder
die **Woche,** die Wochen
wollen, er will
das **Wort,** die Wörter

Xx Yy Zz

die **Zahl,** die Zahlen
zaubern, sie zaubert
der **Zeh,** die Zehen
zehn
das **Zeugnis,** die Zeugnisse
der **Zoowärter,** die Zoowärter
der **Zopf,** die Zöpfe
der **Zug,** die Züge
zwei
der **Zweig,** die Zweige

Inhaltsverzeichnis

Zu Hause

Gestern – heute – morgen

Hokuspokus

Mein Körper

Im Frühling

Am Wasser

Lerninhalte

Kapitel	Lesen	Sprechen
In der Schule	• Fragen zu einem Bild beantworten: S. 6 • Fragen zum Text beantworten: S. 7	• Regeln in der Klasse entwickeln und beachten: S. 8
Auf der Straße	• Sinngestaltendes Lesen mit verteilten Rollen: S. 18 • Richtige und falsche Aussagen erkennen: S. 19	• Auf Stimme und Gesichtsausdruck achten: S. 20
Im Herbst	• Ein Gedicht lesen und vortragen: S. 30 • Zum Bild passende Sätze aufschreiben: S. 31	• Meinungen äußern und diskutieren: S. 32
Zu Hause	• Bilder und Inhalte zuordnen: S. 42	• Ein Lied singen und weiterdichten: S. 43 • Witze erzählen: S. 44
Gestern – heute – morgen	• Reimwörter finden: S. 54	• Über ein Gespräch nachdenken: S. 56
Hokuspokus	• Textstellen richtig einsetzen: S. 66 • Zu einem Text malen: S. 68	• Ein Gedicht gemeinsam vorlesen: S. 69
Mein Körper	• Einen Text ordnen: S. 80 • Anzeigetafel und Plakate lesen: S. 81 • Fachbegriffe verstehen: S. 82	• Lernergebnisse festhalten und präsentieren: S. 83
Im Frühling	• Textmuster erfassen und anwenden: S. 94 • Ein Bilddiktat umsetzen: S. 95 • Bilder und Sachtexte zuordnen: S. 96	• Genau beschreiben: S. 97
Am Wasser	• Eine Geschichte weiterschreiben: S. 108 • Einen Störsatz finden: S. 110	• Argumente sammeln: S. 111
Auf der Baustelle	• Textabschnitten passende Überschriften zuordnen: S. 122 • Fragen zu Sachtexten beantworten: S. 124	• Verständlich sprechen: S. 125
Unterwegs	• Richtige Aussagen erkennen: S. 136 • Einen Fahrplan lesen: S. 138	• Ein Lied singen: S. 139
Feste im Jahr	• Gedichte und Lieder kennen: S. 148–153	

TINTO 2

blau

Basisbuch

Sprache • Lesen

von Dr. Rüdiger Urbanek, Linda Anders, Ursula Brinkmann,
Doris Frickemeier, Irmgard Mai, Gabriele Müller

Redaktion: Imke Pelz, Claudia Rosenthal, Elisabeth Wagner
Illustrationen: Eva Czerwenka, Christian und Fabian Jeremies, Vera Schmidt
Umschlagillustration: Eva Czerwenka
Layout: hawemannundmosch, Berlin
Gestaltung und technische Umsetzung: Ines Schiffel, Berlin
Notensatz: Kontrapunkt Satzstudio, Bautzen
Bildredaktion: Peter Hartmann

Unter Beratung von:
Detlef Baier (Bottrop), Marlies Böke (Detmold), Andrea Christoffer-Beer (Recklinghausen), Sybille Ekrut (Hamburg), Martina Grabowski (Pliezhausen), Dirk Haupt (Schwerte), Heidrun Klumpp (Nagold), Urte Kühl (Pinneberg), Christa Merker (Bielefeld), Anke Müller-Vaupel (Dortmund), Tanja Pavlitzek (Geeste), Dagmar Speckmann (Holzwickede), Kai Stäpeler (Wiedenest), Nina Voigt (Oldenburg), Sabine Witzemann (Reutlingen)

www.cornelsen.de

1. Auflage, 1. Druck 2008

Alle Drucke dieser Auflage sind inhaltlich unverändert
und können im Unterricht nebeneinander verwendet werden.

Druck: CS-Druck CornelsenStürtz, Berlin

ISBN 978-3-06-081288-2

Inhalt gedruckt auf säurefreiem Papier aus nachhaltiger Forstwirtschaft.

Quellenverzeichnis

Text- und Liedquellen

S.7 Funke, Cornelia: Das verzauberte Klassenzimmer (Auszug). Loewe Verlag, Bindlach 1997. S.18 Maar, Paul (Text)/Waechter, Philip/Limmroth, Manfred B./Bittner Ralph (Illu.): Jakob und der große Junge (Auszug). Verlag Friedrich Oetinger, Hamburg 2001. S.30 Bydlinksi, Georg: Allee im Herbst. In: Wasserhahn und Wasserhenne. Dachs Verlag, Wien 2002. S.30 Bydlinksi, Georg: Herbst. Rechte beim Autor. S.42 Steinwart, Anne (Text)/Tust, Dorothea (Illu.): Wo bleibt Jule? In: Mensch, Jule! (Auszug) Edition Bücherbär im Arena Verlag, Würzburg 1997. S.43 Margolis, Heike (Melodie und Text). Rechte bei der Autorin. S.45 Nöstlinger, Christine (Text)/Christiana Nöstlinger (Illu.): Liebe Susi! Lieber Paul! (Auszüge, leicht verändert). Deutscher Taschenbuch Verlag, München 1987. Rechte bei der Autorin. S.68 Minne, Brigitte: Hexenfee (Auszug). Übersetzt aus dem Flämischen von Mirjam Pressler. Residenz Verlag, St. Pölten 2006. S.69 Maar, Paul: In der alten Felsenhöhle. In: Kreuz und Rüben, Kraut und quer. Verlag Friedrich Oetinger, Hamburg 2004. S.71 Zeuch, Christa: Geheimnisvolle Zauberformel. Aus: Die kleine Hexe Xixibis. Verlag Friedrich Oetinger, Hamburg 1996. S.80 Huainigg, Franz Joseph: Meine Füße sind der Rollstuhl (Auszug). Annette Betz Verlag, Wien/München 2003. S.94 Lau, Heinz (Melodie und Text): Singt ein Vogel (3. Strophe leicht verändert). Möseler Verlag, Wolfenbüttel. S.108 Funke, Cornelia (Text)/Meyer, Kerstin (Illu.): Käpten Knitterbart und seine Bande (Auszug, leicht verändert). Verlag Friedrich Oetinger, Hamburg 2003. S.116 Guggenmos, Josef: Quallen. In: Es las ein Bär ein Buch im Bett (Auszug). Georg Bitter Verlag, Recklinghausen 1978. S.122/123 Banks, Kate (Text)/Hallensleben, Georg (Illu.): Nachts auf der Baustelle (Auszug). Aus dem Amerikanischen von Susanne Koppe. Moritz Verlag, Frankfurt/Main 2003. S.136/137 Dörrie, Doris (Text)/Kaergel, Julia (Illu.): Lotte in New York (Auszug). Ravensburger Buchverlag, Ravensburg 1999. S.139 Spode, Wolfgang: Ferienlied. Fidula Verlag, Boppard/Rhein und Salzburg. S.140 Krause-Gebauer, Erika: Ich träume mir ein Land. Aus: Gelberg, Hans-Joachim: Überall und neben dir. Gedichte für Kinder. Beltz & Gelberg in der Verlagsgruppe Beltz, Weinheim/Basel 1986, 1989. S.150 Költeritz, Werner/Rudolph, Anne (Melodie und Text): Leuchte mir, Laterne (gekürzt). Rechte bei den Autoren. S.152 Schwarz, Regina: Wo man Geschenke verstecken kann. Aus: Gelberg, Hans-Joachim: Großer Ozean, Beltz & Gelberg in der Verlagsgruppe Beltz, Weinheim/Basel 2000.

Bildquellen

S.7 Funke, Cornelia: Cover/Illustration: Das verzauberte Klassenzimmer. Loewe Verlag, Bindlach 1997. S.18 Maar, Paul (Text)/Waechter, Philip/Limmroth, Manfred B./Bittner Ralph (Cover und Illustration): Jakob und der große Junge. Verlag Friedrich Oetinger, Hamburg 2001. S.34 Picture Press, Hamburg/Hahn. S.45 Nöstlinger, Christine (Text)/Christiana Nöstlinger (Cover): Liebe Susi! Lieber Paul!. Deutscher Taschenbuch Verlag, München 1987. S.68 Minne, Brigitte (Text)/Cneut, Carll (Illustration): Hexenfee. Übersetzt aus dem Flämischen von Mirjam Pressler. Residenz Verlag, St. Pölten 2006. S.96 (Veilchen) Landesnaturverband NRW; (Krokus) Wikipedia/CeNU/Vulka; (Tulpe) Pixelio Surom; (Schlüsselblume) Cornelsen Verlag. S.97 (Kohlmeise und Blaumeise) www.digimakro.de; (Amsel und Rotkehlchen) www.naturlexikon.com. S.108 Funke, Cornelia (Text)/Meyer, Kerstin (Illustration)/Buchholz, Konstantin (Cover): Käpten Knitterbart und seine Bande. Verlag Friedrich Oetinger, Hamburg 2003. S.110 NASA.JPL.Gov. S.113 Celentano/laif, Köln. S.122/123 Banks, Kate (Text)/Hallensleben, Georg (Cover und Illustration): Nachts auf der Baustelle. Aus dem Amerikanischen von Susanne Koppe. Moritz Verlag, Frankfurt/Main 2003. S.124 (Iglu) Avenue Images, Hamburg; (Jurte) picture-allince/dpa/epa afp Stephen Shaver. S.136/137 Dörrie, Doris (Text)/Kaergel, Julia (Cover und Illustration): Lotte in New York. Ravensburger Buchverlag, Ravensburg 1999. S.138 © Ursula Brinkmann, Dortmund. S.144 Karawane = The Bridgeman Art Library/London-Berlin.